Dit kompetente barn

Af samme forfatter:
Bøger:
Familierådgivning – perspektiv og proces
Et æble til læreren – Folkeskolens oversete dimension
Familien – det primære sundhedssystem
Her er jeg! Hvem er du? – om nærvær respekt
og grænser mellem voksne og børn
Smil! Vi skal spise. Børnefamiliens måltider

Videofilm:
Familiens liv med mindre børn
Familiens liv med større børn

Jesper Juul

Dit kompetente barn

På vej mod et nyt
værdigrundlag for familien

SCHØNBERG

Dit kompetente barn
© Jesper Juul 1995
Foto: Per Klaesson
Omslag: Mogens Christensen
1. udgave, 20. oplag
Bogen er sat med Garamond
hos AN:SATS, Espergærde
og trykt hos Clemenstrykkeriet, Århus
Printed in Denmark 2002

ISBN 87-570-1502-3

INDHOLD

INDLEDNING

Som så mange af min generation vidste jeg for 25-30 år siden, at der var noget galt med den måde, mine forældres generation (og generationerne før dem) tænkte familiemønster og børneopdragelse på. Egentlig vidste vi ikke så forfærdelig meget, men vi havde mange meninger og holdninger.

I det følgende tiår, hvor jeg dels arbejdede med såkaldt adfærdsvanskelige børn og unge, med grupper af enlige mødre og dels uddannede mig til familieterapeut, gik det op for mig, at mine holdninger ikke var hverken værre eller bedre end dem, de foregav at være et alternativ til. Mine holdninger og meninger led af den samme fundamentale svaghed: De savnede etisk substans og virkede polariserende; dvs. at de med stor skråsikkerhed afgjorde, at nogle mennesker er rigtige, fordi de handler i overensstemmelse med de rigtige holdninger, og nogle er forkerte, fordi de handler i overensstemmelse med de forkerte holdninger.

Denne polarisering var naturligvis også indeholdt i den feedback, jeg fik fra kollegaer og klienter. Nogle syntes, jeg var dygtig og andre, at jeg ikke var, og i min naivitet mente jeg, at så længe de førstnævnte var i overtal, havde jeg mit på det tørre. Først sent gik det op for mig, at det var de sidstnævnte, jeg skulle have lyttet til. Først da jeg oplevede min egen mangel på kompetence som far, begyndte jeg langsomt at lære, hvor jeg før kun havde uddannet mig.

Indtil da havde jeg ment, at det, der skulle til mellem forældre og børn, var en opdragelse præget af forståelse, tolerance og demokrati i modsætning til den moraliserende, intolerante og styrende form for børneopdragelse, som jeg vidste var ødelæggende for børns selvfølelse og livskraft.

I samværet med min søn og med de børnefamilier, jeg hver dag arbejdede med, begyndte det at gå op for mig, hvor overfladiske mine holdninger var. Selv om børns situation i familien og samfundet på mange måder blev mindre umenneskelig, var der stadig to forhold, som dels udfordrede min professionelle trang til at være inspirerende for de mennesker, jeg arbejdede med og dels holdt mig i kontakt med en mere personlig smerte.

Som underviser og supervisor oplevede jeg, hvordan forældre i mødet med fagfolk alt for ofte blev tabere i den forstand, at de forlod deres rådgivere og terapeuter mere handlingslammede og med mindre selvfølelse, end de var kommet. Jeg erfarede også, hvor ofte de samme fagfolk følte sig hjælpeløse og inkompetente, men af pligtfølelse klamrede sig til en traditionel psykologi, som er mere optaget af at finde fejl end af at finde muligheder.

Som familieterapeut oplevede jeg, hvordan børn og unge stadig måtte betale prisen. De voksnes forståelse var blevet mere nuanceret, straffeforanstaltningerne mere humane, den pædagogiske behandling mindre bedrevidende og den offentlige moral mindre restriktiv. Men det var og er stadig sådan, at det er børnene, der får det ansvar pålagt, som kun få forældre, politikere, pædagoger, lærere og terapeuter er rede til at tage på sig. Ikke som et udslag af ond vilje – ofte endog som udtryk for kærlighed og velvilje – men som en række logiske konsekvenser af, at vores grundlæggende antagelse om, hvad børn er for nogle størrelser, er forkert.

Den svenske psykolog Margaretha Berg Brodén har udtrykt det stilfærdigt og smukt i en sætning, som har inspireret til denne bogs titel: »Måske har vi taget fejl – måske er børn kompetente«. (M.B.B.»Mor og barn i Ingenmands-land«, Kbh. 1992).

Brodéns måde at sige det på hænger dels sammen med den videnskabelige sammenhæng, hun udtrykker sig i, og dels med hendes særlige interesse i det tidlige samspil mellem spædbørn og deres forældre. Da jeg er praktiker og ikke forsker, og da mit erfaringsområde er samspillet mellem børn og voksne i bredeste forstand, vil jeg derfor også formulere summen af mine iagttagelser lidt anderledes.

Så vidt jeg kan se, har vi taget afgørende fejl, idet vi er gået ud fra, at børn ikke var rigtige mennesker fra fødslen. Vi har anset børn for at være en slags potentielt asociale halvmennesker, som for det første skulle udsættes for massiv påvirkning og manipulation fra voksne og for det andet skulle nå en vis alder, før de kunne anses for at være ligeværdige, rigtige mennesker. Denne grundantagelse har i tidens løb været formuleret både mere videnskabeligt og mere folkeligt, men forskellen er ikke så stor, når det kommer til stykket. Konklusionen er i begge tilfælde, at voksne må finde på måder at opdrage børn på, så de lærer at opføre sig menneskeligt. Vi har kaldt det opdragelsesmetoder, og selv om vi i tidens løb har debatteret hele skalaen fra den »frie opdragelse« til den »autoritære«, har vi aldrig for alvor sat spørgsmålstegn ved udgangspunktet.

Det er en del af denne bogs ærinde at gøre det klart, at det allermeste af det, vi traditionelt forstår ved opdragelse, både er overflødigt og direkte skadeligt i den forstand, at det ikke bare er usundt for børnene, men også blokerer de voksnes menneskelige vækst og udvikling – og endelig påvirker samspillet mellem børn og voksne destruktivt. Der skabes på den måde en ond cirkel, som også griber ind i vores forståelse af småbørnspædagogik, undervisning, socialpædagogik, behandling samt børne- og familiepolitik.

Min generation var også med til at skabe en illusorisk di-

11

stance mellem »mig« og »samfundet«, en illusion som for 25 år siden var en logisk del af et opgør med autoriteterne, men som er blevet tiltagende farlig i takt med, at politik er blevet reduceret til pengepolitik. Det er måske mere end nogensinde sandt, at den måde, vi omgås vores børn på, bliver afgørende for verdens fremtid. Informationsmængden er taget til i en grad, der gør, at vi ikke kan regne med at kunne holde vores dobbeltspil i forhold til børn og unge gående ret meget længere. Vi kan ikke i længden slippe godt fra at prædike økologi, medmenneskelighed og anti-vold samtidig med, at vi behandler børn og unge voldeligt i ordets principielle betydning.

Jeg har nu i nogle år haft det privilegium at rejse og arbejde i forskellige kulturer, og det har overbevist mig om, at den udvikling, der har fundet sted i forholdet mellem børn og voksne i de skandinaviske lande, på væsentlige områder vil komme til at danne model for udviklingen i andre lande. Det, der på overfladen ofte ligner holdningsløshed, forvirring og handlingslammelse, bærer i sig kimen til noget, der kun kan beskrives som et kvantespring i menneskets udvikling: For første gang i nyere tid er vi parat til at se alvorligt på det enkelte menneskes ukrænkelighed og ret til personlig vækst ud fra et ikke-dogmatisk og ikke-autoritært udgangspunkt. For første gang har vi grundlag for at tro på, at det enkelte menneskes eksistentielle frihed ikke udgør en trussel mod fællesskabet, men måske tværtimod er af vital betydning for fællesskabernes fortsatte sundhed.

Forholdet mellem voksne og børn udspiller sig i mange forskellige tonearter. Der er store forskelle på Nord- og Sydeuropa, USA og de tidligere østlande; og selv inden for det enkelte land er der markante forskelle fra landsdel til landsdel. Ethvert lands kultur, politiske historie og religiøse tilhørsforhold spiller naturligvis en stor rolle for dets folks selvforståelse og for det, fremmede lægger mærke til. Vi kan høre danske indvandrere sige, at de ikke ønsker, at deres børn skal blive ligesom danske børn; og som danskere kan vi let forarges, når vi ser sydeuropæernes mere fysisk markante omgang med deres børn. Efterhånden som specielt USA og de europæiske lande enten allerede er blevet eller meget snart bliver multietniske og multinationale samfund, tror jeg, det er vigtigt at kunne se bagom disse kulturelt bestemte stilarter. Familiens sociale betydning er forskellig fra kultur til kultur, men dens eksistentielle betydning er efter min erfaring den samme. Glæden over konstruktive og sunde samspil er den samme, selv om den udtrykkes forskelligt, og det samme gælder smerten over destruktive relationer.

Bogen igennem vil det »gamle« blive holdt op mod det »nye«, ikke så meget for at kritisere det gamle, som for at pege på konkrete handlemuligheder. I mit daglige arbejde med familier og deres behandlere oplever jeg for det meste en stor holdningsmæssig åbenhed. De fleste forældre ved inderst inde godt, når de handler uhensigtsmæssigt, men har brug for konkrete bud og demonstrationer for at kunne ændre deres handlemønster, og det er en af realiteterne i den udvikling, der er i gang: at vi mangler forbilleder og rollemodeller. Traditionel psykologi sætter ofte spørgsmålstegn ved følelserne: om nu også forældrene elsker deres barn? Hvor meget sønnen hader sin far? Hvor vred datteren er på sin mor? etc. Uden at jeg vil underkende betydningen af disse klassiske udtryk for menneskelig smerte, vil jeg gerne understrege, at jeg aldrig har mødt forældre, som ikke elskede deres børn, eller børn som ikke holdt af deres forældre. Hvad jeg har mødt, er børn og forældre, som ikke magtede at omsætte deres kærlige følelser for hinanden til kærlige handlinger.

For første gang er vi parat til at se på mulighederne for at etablere genuint ligeværdige relationer mellem mænd og kvinder og mellem voksne og børn. Det er i hele menneskehedens historie aldrig sket i så stor målestok, og både vi og vores børn og børnebørn er i bogstaveligste forstand i færd med at bryde nyt land. Kravet om ligeværdighed betyder også åbenhed og respekt for forskellighed, som igen betyder, at vi må opgive en stor del af vores forestillinger om det generelt rigtige og det generelt forkerte. Vi kan ikke mere bare erstatte én metode med en anden, eller for at sige det lidt tydeligere: vi kan ikke blive ved med blot at modernisere vores fejlagtige antagelser.

Det betyder også, at de handlemuligheder, denne bog foreslår, er ment som inspiration til selv at eksperimentere. De er ikke eksempler til efterfølgelse eller kopiering – som ét system der erstatter et andet. Forældre er ikke blot af forskelligt køn, men har også helt forskellige erfaringer fra deres opvækstfamilie. Fælles for os alle er, at vi som børn lærte nogle måder at indgå i forhold til andre mennesker på, som var frugtbare, og nogle som var ufrugtbare. Om det var mest det ene eller mest det andet er for så vidt ikke vigtigt. Det væsentligste er, at vi i de næste familier, vi skaber, har muligheden for at lære det, vi ikke kunne i den første.

At sige, som denne bog gør, at børn er kompetente, betyder blandt andet, at børn er i stand til at give os de tilbagemeldinger, der kan gøre det muligt for os at genvinde vores egen tabte kompetence og hjælpe os med at blive vores ufrugtbare og ukærlige handlemønstre kvit. Dertil kræves mere end blot en demokratisering af dialogen mellem børn og voksne. Det indebærer, at vi må udvikle en form for dialog, som mange voksne end ikke magter at have imellem sig: den ligeværdige, personlige dialog.

At vi hver for sig må finde vores egen måde, den måde, som er mest frugtbar for både os selv og vores børn, betyder ikke, at alt er lige godt, eller at »anything goes«! Der vil bogen igennem blive refereret til nogle centrale principper,

14

som hver for sig og tilsammen danner den målestok, som enhver kan måle sine egne handlinger med.

Med tidens overfladiske tendens til at udpege ofre og placere skyld, er der risiko for, at nogle voksne vil føle sig kritiseret af denne bog og dens forfatter. Det har ikke været min hensigt at kritisere nogen eller udpege nogen skyldige. Når jeg ofte refererer til historisk eller gældende praksis, skyldes det den erfaring, at de fleste mennesker bedst forstår sig selv og deres egne handlinger med historien som spejl.

Det gælder både disse principper og bogens mange eksempler, at de primært udspringer af mit arbejde på The Kempler Institute of Scandinavia. Jeg skylder den amerikanske psykiater og familieterapeut Walter Kempler M.D. og de øvrige medlemmer af instituttets stab stor tak for deres inspiration og aldrig svigtende tillid i de mange år, hvor jeg absolut ingen tillid havde til mig selv. Det samme gælder de mange familier fra hele verden, som har lukket mig ind i deres personlige og private liv. Jeg mindes med pinlig tydelighed mine holdninger og fordomme, da jeg mødte den første japanske familie, den første muslimske, de første etnisk blandede familier i de kroatiske flygtningelejre, den første amerikanske alkoholikerfamilie etc.

Min nu voksne søn har i 23 år hjulpet mig med at integrere mine erfaringer på en måde, som kun den kan gøre, der åbent og ærligt søger efter sit eget liv. Det samme gælder min kone, som med sin væren konfronterer mig med, hvad jeg hver gang håber, er de sidste rester af barnagtig selvoptagethed.

1 FAMILIENS VÆRDIER

Det værdigrundlag, familien har hvilet så sikkert på i mere end to århundreder er under opløsning og transformation i det meste af verden. I Skandinavien, hvor kvinderne førte an i nedbrydningen, blev udviklingen uden tvivl båret oppe af en relativ velstand og avanceret sociallovgivning. I andre lande har borgerkrig og økonomisk nød været med til at få tingene sat i skred.

Det fælles er, at den hierarkisk opbyggede, autoritære patriarkalske/matriarkalske familiestruktur er på vej over i historien. Det sker i forskellige tempi, og landkortet vrimler derfor med vidt forskellige familietyper. Nogle forsøger krampagtigt at fastholde »de gode gamle dage«, og andre eksperimenterer med nye og mere frugtbare måder at leve sammen på. Set fra et sundhedsmæssigt synspunkt er der al mulig grund til at hilse denne forandring velkommen. Den gamle familiestruktur og en del af dens værdier var på mange måder destruktiv for både børn og voksne.

En café i Spanien:
Far, mor og to sønner på ca. 3 og 5 er færdige med at spise is og kager. Mor tager en serviet, spytter på den, tager med et fast greb om den yngstes hage og begynder at rengøre ham omkring munden. Drengen protesterer og drejer ansigtet væk fra moderen. Hun griber fat i en håndfuld af hans hår, og mens hun hvislende indædt fortæller ham, hvor slem han er, trækker hun ved hjælp af håret hans ansigt inden for rækkevidde igen.

Storebror er allerede velopdragen. Episoden trækker et glimt af smerte hen over hans ansigt, som dog hurtigt falder på plads i en neutral maske. Også faderen reagerer med et glimt af smerte i øjnene, men han vender den hurtigt mod moderen i form af irritation over, at hun ikke kan få den lille til at makke ret uden al den støj.

Lillebror kommer sig lynhurtigt oven på overfaldet og allerede 10 meter henne ad gaden standser han op og peger begejstret på et butiksvindue, hvor han vil vise sin mor noget. Hun, som i mellemtiden er kommet 10-15 meter længere hen ad gaden, kommer hurtigt og målbevidst tilbage. Uden at værdige genstanden for hans begejstring et blik, griber hun hans arm og trækker af med ham. Han skrigende, hun sammenbidt af sejrsvilje, alt imens hun gentager: »Pontela cara bien!« (Gør dit ansigt smukt!).

En café i Wien:
To unge ægtepar og det ene pars søn på omkring 5 år sætter sig ved at af bordene på fortovet for at få en kop kaffe oven på dagens indkøb. Servitricen dukker op og drengens mor siger: »Vi skal ha' kaffe, hvad skal du ha'?«

Drengen tøver lidt og siger: »Jeg ved ikke rigtig, hvad jeg har lyst til.«

Moderen, irriteret til servitricen: »Gi' ham en juice.«

Kaffe og juice ankommer, og lidt efter siger drengen, høfligt og forsigtigt: »Mor, jeg vil hellere have cola med citron, hvis det er muligt?«

Moderen: »Hvorfor sagde du ikke det med det samme! Nu har du værs'go at drikke din juice!« – og i samme åndedrag til servitricen: »Ungen har ombestemt sig. Gi' ham en cola med citron, så vi kan få fred!«

Efter ca. 10 min. hvor de voksne har hygget sig med at genopfriske ferieminder, og drengen stille har siddet og set

sig omkring, ser moderen på uret og siger vredt til drengen:
»Se så at blive færdig med den cola!«

Drengen (oplivet), »Skal vi da gå nu?«

Moderen, »Ja, vi skal skynde os hjem. Drik nu den cola!«
Drengen nedsvælger sin cola i store slurke og meddeler
glad, »Så, nu er jeg færdig. Var jeg ikke hurtig Mor?«

Moderen ignorerer hans udsagn og de voksnes samtale
fortsætter. Drengen sidder velopdragent og stille og lytter
til de voksne. Efter en halv time spørger han forsigtigt,
»Mor, skal vi snart hjem?«

Moderen (højlydt og rasende) »Nu holder du din kæft,
din lille møgunge! Hvis der bliver mere ballade med dig,
kan du komme på hovedet i seng, så snart vi kommer hjem.
Ka' du forstå det!«

Drengen synker sammen og resignerer. De øvrige voksne
ser anerkendende på moderen og drengens far lægger en be-
kræftende hånd på sin kones arm.

Et busstoppested i København:
En bedstemor med 2 børnebørn på ca. 4 og 6 venter på
bussen. Drengen på 4 trækker sin bedstemor i frakken og
siger: »Bedstemor, jeg skal altså tisse.«

Bedstemor: »Det kan ikke nytte noget nu. Nu skal vi
hjem!«

Drengen: »Jamen, jeg skal altså meget!«

Bedstemor: »Nu gør du, som bedste siger og dermed ba-
sta! Se bare på din storesøster, hvor stor og fornuftig hun
er.«

Drengen: »Jamen, jeg skal altså tisse ... meget!«

Bedstemor: »Ka' du ikke høre dreng? Du kan tisse, når du
kommer hjem. Hvis ikke du kan være sød nu, ka' du tro,
bedste skal fortælle mor det. Så kommer du ikke med bed-
ste til byen mere!«

I mange hundrede år har vi lært børn at have respekt for magt, autoritet og vold – men ikke for mennesker. De voksne, som er citeret i de foregående eksempler, er ikke dårlige mennesker. De elsker deres børn og børnebørn og henrykkes over dem, når de opfører sig pænt, pudsigt eller charmerende. De handler bare ukærligt, fordi de har lært at forstå det ukærlige som kærligt og det kærlige som uansvarligt.

1.1 Familien som magtstruktur

I århundreder har familien eksisteret som en magtstruktur, hvor mændene havde magten over kvinderne, og hvor de voksne havde magten over børnene. Magten var total og omfattede både det sociale, politiske og psykologiske niveau og der blev ikke sat spørgsmålstegn ved familiens rangorden: først manden, dernæst kvinden – hvis der ikke var halvvoksne drengebørn – så drengebørn og til sidst pigebørn. Et vellykket ægteskab beroede på kvindens evne og vilje til at underkaste sig manden, og børneopdragelsen havde det klare formål at få børnene til at tilpasse sig og adlyde magthaverne.

Familiens magtstruktur var totalitær, og manglende samarbejdsevne eller vilje blev derfor logisk nok imødegået med fysisk vold og/eller indskrænkninger i den enkeltes i forvejen begrænsede personlige frihed. Som i alle andre totalitære magtstrukturer var idealet: ingen åbne konflikter.

I slutningen af forrige århundrede begyndte vi at interessere os for børn som selvstændige, åndelige og psykologiske eksistenser, hvis *væren* kunne have betydning for deres trivsel og udvikling. I 20'erne begyndte kvinderne for alvor at gøre opmærksom på deres eksistens og forlangte at blive taget alvorligt – både menneskeligt, socialt og politisk. I løbet af den første halvdel af dette århundrede blev familien gradvis mindre totalitær, men selve magtstrukturen som grundlag for familiens liv blev der ikke rokket ved.

For dem, der formåede at tilpasse sig, var familien en tryg base, men for dem, hvis individualitet var mere robust end som så, var familien og dens samspil uhyggeligt destruktivt. De, der tog skade og udviklede symptomer, blev behandlet (pædagogisk og psykiatrisk) ud fra en klar målsætning om, at der måtte ske en gentilpasning til magtstrukturen.

I det (ringe) omfang ægtefæller og forældre blev inddraget i behandlingen af kvinder og børn, blev de opfordret til at vise forståelse, kærlighed og konsekvens, men aldrig til at afgive magt. Genindlæggelser, fejlslagen resocialisering, tvangsmedicinering og accelererende social deroute var derfor logisk nok de almindeligste behandlingsresultater.

Meget kan man sige om »de gode gamle dages familie«, men sund for den enkeltes eksistentielle trivsel og udvikling var den kun undtagelsesvis. Socialt set var den overvejende en succes, men lige under den sociale overflade var sygdomsprocesserne iøjnefaldende.

På en måde er denne beskrivelse naturligvis både ufuldstændig og uretfærdig. Også dengang havde livet i familien sine lyse, hyggelige og lykkelige sider. Dels trivedes selvfølgelig kærligheden mellem mennesker, og dels indebar den vellykkede underkastelse en særlig form for tryghed, som også veltilpassede borgere i totalitære samfund kender til.

Et af de centrale problemer for mange moderne familier er, at det sprog, vi bruger, når vi skal tale om børneopdragelse, stammer fra den tid, hvor den vellykkede familie var en konfliktfri familie, og hvor forståelsen af mental sundhed var meget anderledes, end den er i dag. Hvis nogle af de ord og begreber, jeg gennemgår i det følgende, skal kunne bruges i fremtiden, må de forsynes med en helt anden mening end den, de har haft indtil i dag.

Opdragelsesmetode

I Skandinavien diskuterede vi med stor selvfølge opdragelsesmetoder helt op til midten af 70'erne. Ud fra det gamle billede af, hvordan børn er indrettet, giver det også mening: Børn er potentielt dyriske og asociale, og derfor må voksne omgås dem ved hjælp af metoder, som kan sikre, at de udvikler sig menneskeligt og socialt. Metoderne har forskelligt ideologisk indhold, men nødvendigheden af en metode diskuteres ikke.

Nu, hvor vi ved, at børn er rigtige mennesker fra begyndelsen, er det absurd at tale om metoder. Hvis vi brugte begrebet om forholdet mellem voksne, ville vi med god grund blive mødt med protester. Forestil dig f.eks. en voksen, der siger:»Jeg er forelsket i en høj, sorthåret kvinde fra Portugal, men jeg har mange problemer med hende. Kan du ikke give mig en metode, så hun bliver mindre besværlig at leve sammen med?« – Ikke sandt! Det går bare ikke. Men ikke desto mindre er det den måde, voksne har omtalt deres forhold til børn på siden begyndelsen af 1700-tallet.

Børn er født sociale og menneskelige og for at videreudvikle disse kvaliteter behøver de kun at være sammen med voksne, der handler socialt og menneskeligt. Enhver form for metode er ikke bare overflødig, den er kontraindiceret, fordi den gør barnet til et *objekt* for sine nærmeste.

Trodsalderen

Omkring 2-årsalderen begynder børn så småt at frigøre sig fra den totale afhængighed af forældrene. De begynder at ville og kunne tænke, føle og handle selvstændigt. De voksne behøver aldrig være i tvivl om, hvornår denne *selvstændighedsalder* indtræffer. Bedst som man en morgen står og giver dem tøj på, hiver de én i armen og siger:»Kan selv!« eller »Vil selv!«. På det tidspunkt bliver mange forældre trodsige og svarer:»Nej, du kan ej!«, »Nej, hold nu op, vi har ikke tid til det pjat« o.l. Børnene bliver selvstændige og de voksne bliver trodsige! Disse måneder af et barns liv er samtidig et af de tydeligste eksempler på, hvor dygtigt børn samarbejder. Når den 2-åriges forsøg på at udvikle en selvstændig kompetence bliver mødt med de voksnes modvilje og trods, bliver barnet allerede i løbet af et par måneder enten trodsigt – og møder trods med trods – eller initiativløst og afhængigt.

Begrebet trodsalder er typisk for magthaveres beskrivelse af besværlige undersåtter. Små børn bliver som et nødvendigt led i deres udvikling mere og mere selvstændige og selvhjulpne og kun et totalitært system kan have interesse i at problematisere denne kontinuerlige udvikling af en unik, indrestyret personlighed.

Pubertet

Pubertet, som er et neutralt, klinisk begreb, er op gennem dette århundrede blevet voldsomt negativt ladet og skaber nu helt selvfølgelige associationer om konflikt, skænderi og ballade. Det negative billede blev efter 2. Verdenskrig fulgt op med begrebet »præ-pubertet« – et fremmedord, som betyder, at balladen lurer lige om hjørnet.

Pubertet er sagligt set en intrapsykisk (individuel), psyko-seksuel udvikling, som for mange 12-15 årige skaber en høj grad af indre usikkerhed og turbulens. At denne udvikling i sig selv skulle være årsag til interpersonelle konflikter (med de voksne) er noget vrøvl. Antallet af konflikter og deres voldsomhed beror bl.a. på de voksnes evne til at se deres ændrede rolle i øjnene og den måde, de kom af sted med at tage vare på udviklingen af barnets integritet de første 3-4 leveår.

Teenageoprør

Ligesom pubertet er teenageårene i særlig grad behæftet

22

med en sprogbrug, som næsten har politisk og militær karakter: oprør, løsrivelse, revolution, udisciplinerethed o.l. I en magtstruktur, hvor de voksne formodes at udgøre det stabile, konfliktløse element, må enhver progressiv udvikling nødvendigvis defineres som et anslag mod det etablerede. Ligesom man i forbindelse med kvindens overgangsalder har friholdt magthaveren og dermed samspillet for ethvert medansvar, placerer man i teenagefamilien rent sprogligt skylden på de unge. Dermed undgår man på det eleganteste at tage stilling til de voksnes overordnede ansvar for samspillets kvalitet. Det er »alderen«, »hormoner« eller begge dele!

Flere af de begreber, vi traditionelt bruger om børneopdragelse, er på samme måde udtryk for magthavernes syn på virkeligheden og deres tro på, at magtstrukturens opretholdelse var det bedste for alle parter.

Grænser

Inden for en magtstruktur må man nødvendigvis have lov og orden; altså må der sættes grænser for børnenes fysiske, mentale og følelsesmæssige udfoldelse. Grænserne – det børn måtte og ikke måtte, skulle og ikke skulle, burde og ikke burde – var en slags familiens politivedtægt.

Det førte til en påstand om, at visse grænser var sunde og gode for børn at leve under, hvilket der ikke er noget som helst sundhedsmæssigt belæg for. Det er sandt nok, at børn kun udvikler sig harmonisk og sundt, hvis de voksne i familien har nogle grænser. Som jeg skal vende tilbage til senere, er det vigtigt at både børn og voksne kan sætte grænser for sig selv, hvorimod det at sætte grænser for de andre først og fremmest er et magtmiddel.

Lige siden voksne begyndte at diskutere børneopdragelse offentligt, har spørgsmålet om grænser været på dagsordenen. Vi tror sommetider, at det er noget nyt, at forældre har så svært ved at sætte grænser, men sådan har det altid været. Forældre har altid spurgt eksperterne til råds om, hvordan de fik børn til at »lystre« eller »adlyde«, som det hedder. Så længe magtstrukturen var idealet, fik forældre en anvisning, som bestod af 4 elementer: enighed, konsekvens, konsekvenser og retfærdighed.

Enighed

Enighed gør som bekendt stærk, og det var præcis rationalet bag en af familiens vigtigste trossætninger: »Det er vigtigt, at forældrene er enige om børneopdragelsen«. Jeg har mødt utallige forældrepar, som omtrent havde ofret deres ægteskab for at leve op til dette ideal, og som led af stor skyldfølelse, fordi det ikke var lykkedes. Deres mange skænderier og store skyldfølelse kom af, hvad de selv havde lært: At forældrenes enighed er det bedste (= mest trygge) for børnene, og at de gjorde deres børn ondt, når de ikke formåede at blive enige.

Denne trossætning er kun sand som en slags politisk manøvre. Når magthaverne skal håndhæve lov og orden, er det en fordel, at der er fodslag i ledelsen, som på denne måde kan stå over for børnene som en enig front. Ganske vist tolererede man et vist mål af uenighed, når blot den først kom til orde efter børnenes sengetid. Men når først forældrene stod over for børnene, var kravet ubetinget enighed.

En af begrundelserne var, at børnene i modsat fald ville ende med at spille de voksne ud mod hinanden – drive kiler ind i ledelsen så at sige. I praksis var forældre sjældent enige. Når faderen f.eks. havde disciplineret børnene, hændte det ofte, at moderen trådte til med sin mere feminine omsorg. Ikke fordi hun åbent var illoyal, men fordi hun udgjorde familiens samaritertjeneste, som nok tog sig af de sårede, men ikke satte spørgsmålstegn ved grænsernes og disciplineringens nødvendighed, som hun jo også selv levede under.

Set fra et sundhedsmæssigt synspunkt, er det overhovedet ikke vigtigt, at forældrene er enige om børneopdragelsen. Principielt behøver de kun være enige om én ting, nemlig at det er i orden at være forskellige. Kun hvis de oplever hinandens forskellighed som forkert, bliver børnene utrygge.

Konsekvens

Begrebet konsekvens er i familie med »enighed« og er på samme måde nødvendigt for at bevare magtstrukturen intakt. Forskellighed udløser konflikt, og de andres forskellighed må nødvendigvis opleves som en fjendtlig opposition.

Værdien af at optræde konsekvent er derfor naturligt nok udelukkende knyttet til det konsekvente »nej«! Når de voksnes enighed ikke var tilstrækkelig til at få børnene til at lystre, tilføjede man konsekvens.

Konsekvenser

Men hvad nu, hvis de ikke gør, som vi vil, selv når vi er enige og konsekvente, hvad skal konsekvensen så være? Uanset konfliktens karakter, faldt svaret altid inden for de samme 2 kategorier: fysisk vold og/eller indskrænkning af den personlige frihed.

Da kun de færreste udøver vold og indskrænker andres personlige og sociale frihed med helt ren samvittighed, var der brug for at kunne retfærdiggøre det:

– Det er for dit eget bedste!
– Du vil forstå det, når du bliver voksen!
– Du må lære at indordne dig!
– Det gør mere ondt på mig, end det gør på dig!
– Hvis du ikke vil høre, må du føle!

25

Så tidligt som muligt blev de grundlæggende betingelser meddelt børnene:
- Din vilje sidder i min lomme! - og væk var den personlige frihed.
- Børn skal ses og ikke høres! - ud gik ytringsfriheden og ind kom censur og selvcensur.

Mange forældre kom efter veludført straf til at tvivle på, om de nu havde ødelagt forholdet til barnet. Denne tvivl kom enten til udtryk som et krav:
- Giv nu far et knus, og så glemmer vi det.

Eller det mere indirekte:
- Er vi så gode venner igen?

Det er, ironisk nok, ofte det samme, voksne siger til hinanden, når kærligheden ebber ud: »Vi kan vel stadig være venner?«

Deres ubehag og tvivl var berettiget. Denne form for konsekvenser eller straf ødelægger forholdet mellem børn og voksne en lille smule hver gang. Det sker bl.a., fordi de voksne fralægger sig ansvaret for det passerede og gør barnet til den skyldige. Det er både ødelæggende for barnets tillid til de voksne og for dets selvfølelse.

Retfærdighed
Børneopdragelsen bestod for en stor del i at korrigere og kritisere børnene, når de opførte sig »forkert«. Filosofien gik i sin folkelige praksis ud på, at forældrene fortalte barnet, hvor forkert det i en given situation var, og episoden ansås for at være bragt til en frugtbar afslutning, når barnet enten indrømmede at være forkert eller viste andre tegn på oprigtig anger. Ideen var, at hvis de voksne kunne få børnene til at føle sig rigtigt alvorligt forkerte, så ville de forbedre sig. Derfra stammer velkendte udtryk som f.eks.:
- Skam dig!

– Fy, hvor skulle du skamme dig!

– ... at du ikke skammer dig!

I dette system, hvor enhver konflikt mellem forældre og børn blev forklaret med børnenes manglende eller fejlslagne opdragelse, indførte man retfærdighed som en slags rettesnor for magthaverne. I praksis kunne det f.eks. betyde, at den voksne skulle sikre sig, at barnet virkelig var skyldigt, før straffen blev eksekveret. Det uretfærdige var ikke volden i sig selv, men volden mod den endnu uskyldige.

Paradoksalt nok medførte dette ofte, at børn kun huskede (og protesterede imod) episoder, hvor de blev straffet for noget, de faktisk ikke havde gjort. Den mere generelle – og dybt uretfærdige – oplevelse af at være »forkert« blev trængt i baggrunden, fordi den var det normale!

Begrebet retfærdighed kom også til at spille en rolle i mange familier, hvor forældrene bestræbte sig på ikke »at gøre forskel« på børnene. De fik samme julegaver, samme belønning, samme straf og samme opdragelse, uanset hvor forskellige de var. På den måde blev det helt tilfældigt, om et barn fik, hvad han eller hun havde brug for, men forældrene kunne sove trygt i bevidstheden om, at de havde været retfærdige.

Det værdigrundlag, som er skitseret i det foregående, er stadig det mest almindelige i store dele af verden, og hvad man end synes om det, må man sige, at det i meget høj grad er i overensstemmelse både med sit udgangspunkt og sit mål.

Udgangspunktet er som allerede nævnt en forældet viden om, hvad børn er for nogle størrelser, men det er måske knap så vigtigt som målet. Målet var en ydre tilpasning, som udtrykkes mest præcist i den formaning, jeg og mine kammerater hørte utallige gange i løbet af vores opvækst: »Nu husker du at opføre dig, så andre mennesker kan se, at du har fået en ordentlig opdragelse!«

Børneopdragelsen prioriterede i høj grad det ydre. Det var vigtigt, at børn lærte at »begå sig«, »opføre sig pænt«, »indordne sig«, »tale pænt«, sige » pænt tak«, »pænt goddag«, »pænt farvel«. Børn skulle netop ikke være sig selv. De skulle »opføre« sig, præcis som man opfører et skuespil, og ligesom skuespillere skulle de lære at sige de rigtige replikker.

Det er nemt nok at være bagklog, og selv om jeg afgjort mener, at de senere års søgen efter et nyt værdigrundlag for familien er et fremskridt for menneskeheden, er det måske på sin plads at minde om, at de forældre, der stadig søger at fastholde familien som en magtstruktur, gør det, fordi de oprigtigt mener, at det er det bedste, de kan give deres børn, og de oplever den derfor ikke primært som et udtryk for magt.

1.2 Den demokratiske parentes

For omkring 25 år siden, da min generation kom i den fødedygtige alder, undfangede vi en række ideer, som var en logisk konsekvens af livet i de familier, vi var vokset op i.

- Med baggrund i århundreders undertrykkelse fik kvinderne den idé, at lighed måtte være bedre. Den efterfølgende kamp handlede om en demokratisering af kønsrollerne og ansvaret i familien og om arbejdsmarkedspolitiske og uddannelsespolitiske misforhold i samfundet.
- Nybagte forældre, som selv var opdraget med forbud og påbud, fik den idé, at børn skulle have krav på en forklaring på de normer og grænser, de voksne håndhævede.
- Med erfaringerne fra opvækstfamilien som en mere eller mindre totalitær magtstruktur fik vi den tanke, at demokratiets spilleregler måske var bedre. Begreber som

medindflydelse, medbestemmelse og *børns rettigheder* blev ouverturen til nye kvaliteter i samspillet mellem kønnene og mellem voksne og børn.

– Efterspørgslen efter opdragelsesmetoder dalede, og man talte i stedet om vigtigheden af at *forstå* børn og unge.

– Det seksuelle samliv mellem mand og kvinde blev beriget med kvindens ret til at bestemme over sin egen krop og medicinalindustrien gjorde det muligt at udvide denne ret til også at kontrollere befrugtningen.

Overskrifterne var politiske, og det samme var hovedparten af terminologien og retorikken. Jeg kalder denne periode for den »demokratiske parentes« af to grunde: De demokratiske værdier blev afprøvet som et alternativt værdigrundlag i familien og har vist sig relevante, omend utilstrækkelige. Denne periode bliver derfor af relativ kort varighed – en vigtig parentes i opgøret med det gamle familiemønster.

Selv om den politiske og politiserende definition af problemerne mellem kønnene og mellem voksne og børn var både logisk og nødvendig, så er den ikke i sig selv nok til hverken at beskrive eller bearbejde de interne forhold i familien med. I forhold til de mere grundlæggende konflikter i samspillet har ideologier af enhver art det med at blokere snarere end at fremme fællesskabet. Det er med ideologier som med totalitære systemer – de er trygge og meningsfulde for dem, der er inde i varmen, men aldrig for de underste i hierarkiet eller dem, der oplever virkeligheden anderledes.

De demokratiske værdier er uden tvivl et sundt tilskud til familiens værdigrundlag, men de er ikke tilstrækkelige. Med begreber som medbestemmelse, medindflydelse, stemmeret o.l. kan man kun forholde sig til familiens indhold og struktur – f.eks.: Hvor skal vi holde jul i år og hvem sørger for hvad? – men ikke til samspils*processen*, som er afgørende for, hvordan familiens medlemmer trives og har det med hinanden i løbet af juleferien.

Det afgørende element i både børns og voksnes sundhed og udvikling er kvaliteten af den samspilsproces, der er i familien. Det vi i daglig tale kalder »tonen«, »stemningen«, »atmosfæren« eller »lugten i bageriet«. De græske filosoffer kaldte det »ethos«. Jeg skal senere vende tilbage til dette centrale begreb og her nøjes med at slå fast, at ansvaret for processens kvalitet hviler på de voksne i familien. Det kan ikke uddelegeres eller deles på demokratisk vis.

Processens kvalitet påvirkes af et utal af faktorer: forældrenes personlighed og livserfaring; deres indbyrdes forhold; deres individuelle op- og nedture; deres overblik, perspektiv og livsholdning; deres evne til at opdage og bearbejde konflikter; deres beredskab i forhold til stress og kriser etc.

Det betyder ikke, at børn ikke påvirker processen i familien. Det gør de i høj grad. De påvirker den i kraft af deres manglende livserfaring; deres logik; deres evt. handicap; deres sensitivitet over for konflikter parret med deres manglende erfaring i at bearbejde dem etc. De påvirker den også med deres trang til at samarbejde, deres funktion som lynafledere for de voksnes indbyrdes konflikter, deres livskraft og kreativitet.

Men børn kan ikke være ansvarlige for samspillets kvalitet. I familier, hvor forældrene af forskellige grunde ikke magter at tage dette ansvar, og hvor børnene derfor ender med at »bestemme«, bliver resultatet altid destruktivt. Arbejdsopgaver, pligter og praktiske ansvarsområder kan uddelegeres til børn og unge, men det er de voksne, der har det fulde ansvar for familiens trivsel.

Det betyder ikke, at der er noget forkert i at give børn og unge medindflydelse i demokratisk forstand, men kun hvis hovedformålet er at træne dem i demokratiets spilleregler. Når det gælder sammenhænge, hvor børn og voksne skal fungere sammen, er børnene bedre tjent med, at de voksne først og fremmest *tager børnenes ønsker og behov alvorligt*. Der er ofte, både i familien og samfundet, en afgrund imellem det at få ret og at få, hvad man har brug for.

Familien er kun en juridisk enhed, når den stiftes og opløses. I hele den mellemliggende periode er den først og fremmest en eksistentiel og emotionel enhed. Det er fint at respektere medlemmernes rettigheder, men det er ikke tilstrækkeligt grundlag for deres trivsel og udvikling. Dertil kræves mere end lighed i politisk og juridisk forstand – der kræves ligeværdighed.

Overgangen til den demokratiske familie skabte konflikter og modsætninger, som nok efterlod en del sårede på slagmarken, men selve kampen blev udkæmpet i en atmosfære præget af optimisme og en tro på, at fremtiden var det hele værd. I de første år var det vigtigste at få gjort kål på det »gamle« uden nogen specifik forestilling om karakteren af det »nye«, og endnu i dag er mange familier præget af stor usikkerhed og en smule fortrydelse over, at den »moderne familie« ikke opstår med løsningen på sine egne problemer indbygget.

De fleste af revolutionens nøglebegreber viste sig at have begrænset praktisk værdi. De var simpelthen for abstrakte til at fungere som vejledere i dagligdagen. De nye begreber viste sig at være mere uhåndterlige end som så.

Konflikt

Med en baggrund i familier, hvor fraværet af konflikt mellem de voksne var et ideal, og hvor konflikter mellem børn og voksne enten var udtryk for opdragelse eller mangel på samme, manglede denne første generation simpelthen rollemodeller for, hvordan man forhandler og løser konflikter på måder, der beriger fællesskabet fremfor at udmarve det. Modellen blev derfor i første omgang naturligt nok den politiske konflikt – altså magtkampen. Denne model er uhensigtsmæssig i familier alene af den grund, at den uundgåeligt ender med den ene part som taber og den anden som vinder. I en familie betyder det, at fællesskabet taber. Mange følte dette så stærkt på deres krop, at skilsmisser og »alene-forælder-familier« blev mere almindelige end nogensinde før i historien.

Lighed
Inden for familien manifesterede lighedsbegrebet sig først og fremmest som et forsøg på at afskaffe de gamle kønsroller og blande dem på en mere lige facon. Det skulle ikke mere være en selvfølge, at manden havde forsørgerrollen og kvinden rollen som husmor.

Specielt i de familier, hvor denne demokratisering af kønsrollerne gennemførtes med held, måtte man se i øjnene, at »lighed« nok var en velegnet parameter på det praktiske og organisatoriske plan, men at det på alle andre fronter ikke bidrog til at skabe en sundere balance mellem mand og kvinde. Nye stereotyper tog over.

Fordelingen af de praktiske opgaver i forbindelse med hjem og børn indeholdt ikke i sig selv svaret på, hvordan man deler ansvar, overblik og følelsesmæssig »økonomi«.

Som direkte efterkommere af de gamle totalitære magthavere blev mændenes rolle i familien udsat for massiv kritik. Kritikken oplevedes af mange som en slags kastration og var under alle omstændigheder udtryk for et paradoks: Mænd og fædre har aldrig spillet nogen væsentlig rolle inde i familien, hverken kvantitativt eller kvalitativt, og kritikken handlede derfor også mest om, hvad mænd og fædre *ikke* gjorde.

Mere eller mindre velvilligt påtog mange mænd sig flere opgaver og mere ansvar i familien, og med kvindernes massive tilgang til arbejdsmarkedet ophørte også mænds monopol på forsørgerrollen. Hos begge køn steg efterspørgslen efter den maskuline identitet som grundlag for at nydefinere rollerne som partnere, elskere, fædre og familiemennesker.

En kort overgang blev lighed til ligesom-hed »den bløde mand« og efter en kort visit i det andet ekstrem »machomanden« gik det op for begge parter, at problemet ikke kunne løses ved at »give kvinderne, hvad de vil have«. De såkaldt feminine værdier, som i vid udstrækning blot er de basale, menneskelige værdier, kunne ikke kalkeres af efter kvinderne.

Kvinderne havde i årtusinder været berøvet nogle basale menneskerettigheder, men havde i forskelligt omfang bevaret deres menneskelighed. Mændene havde været isoleret i deres rolle og havde lagt afstand til deres menneskelighed. I denne forstand er manglen på lighed stadig iøjnefaldende.

Respekt
Både »respekt« og »accept« var nøgleord i den nye lighed mellem kønnene, men de er ikke nemme at forholde sig éntydigt til. Forståelsen af dem er meget individuel og afhænger helt af den enkeltes personlighed.

Er respekt f.eks. noget, vi mennesker bør have for hinanden, bare fordi vi nu *er*, eller er det noget man først må »sætte sig i«? Skal jeg respektere min partners måde at gøre tingene på som udgangspunkt, eller kan jeg vente, til jeg har vurderet resultaterne? (Hendes opdragelse af sine børn til forskel fra min opdragelse af mine børn f.eks.).

Hvad betyder det, når min partner siger: »Det må du acceptere!«? Skal jeg tie med min uenighed? Skal jeg være enig eller være ligesom? Har hun »krav« på min accept, eller

33

er det en gave, jeg kan give hende i kærlighedens navn? Hvad nu, hvis jeg respekterer hende og accepterer, at hun er, som hun er, og alligevel ikke kan holde ud at leve sammen med hende? Skal man først kunne forstå et andet menneske, før man kan respektere og acceptere det – eller elske det måske? Eller har forståelse slet ikke noget med sagen at gøre?

Hvis disse abstrakte begreber skal være brugbare som holdepunkter i en families samspil – hvis de skal have substans – må opmærksomheden først vendes indad. Vi må lære at acceptere os selv, som vi er og derfra opbygge et vist mål af selvrespekt. I den proces lærer vi, hvor absurd det er at tage de andres mangel på accept personligt, og så er vi tilbage ved udgangspunktet: Er respekt og accept en forudsætning for kærligheden, eller er de en konsekvens af den?

Krav

I forbindelse med kommerciel handel, juridiske overenskomster og politiske magtspil er det relevant at tale om krav, men ikke i en familie. Man kan kræve hustrubidrag, men ikke ansvarlighed. Man kan kræve forældreret, men ikke personligt nærvær. Et kærlighedsforhold mellem mand og kvinde eller mellem forældre og børn er en gave og et privilegium. Det er ikke noget, vi kan kræve af hinanden.

I familiens samspil gælder den hovedregel, at man selvfølgelig godt kan kræve *det*, man vil have og måske også af og til være heldig at få det, men konsekvensen er ofte, at man mister kontakten med *den*, man længes efter.

Inden for familien vil ethvert krav om f.eks. ansvarlighed, ømhed, hensyn, sex, nærvær, pligtfølelse, samvær, respekt o.l. i sidste ende være et krav om kærlighed. Det er naturligvis lige så absurd et krav, som det er en legitim længsel.

34

Familien, forstået som et demokratisk system, mangler en dimension, som er af central betydning for medlemmernes sundhed og udvikling; en dimension, som nok findes i politiske programmer og hensigtserklæringer, men aldrig har været fremtrædende i politisk praksis. Denne dimension er: *ligeværdighed*.

1.3 Det ligeværdige fællesskab

Der er sket en afgørende kvalitativ forbedring i forholdet mellem voksne og børn i løbet af de sidste 25 år. Det aflæses måske tydeligst på det faktum, at børn og unge nu bevæger sig i verden med langt større selvfølgelighed og selvbevidsthed. De er ikke mere automatisk indstillet på at finde sig i de overgreb og krænkelser fra forældre og andre voksne, som tidligere generationer var tvunget til at bide i sig.

Samtidig er det også en kendsgerning, at både familien og samfundet på mange områder svigter børn og unges behov for at opleve sig selv som værdifulde medlemmer af et fællesskab, men i de nære relationer er magtmisbruget ikke længere hverken så almindeligt eller så almindeligt accepteret.

Det gryende ligeværd ses også tydeligt i forholdet mellem mand og kvinde. Der er klare tegn på, at de to køns roller på en lang række områder er udspillede, og at det øjeblikkelige vacuum kun kan udfyldes af de basale menneskelige kvaliteter, som fremmer ligeværdigheden mellem mænds og kvinders ofte meget forskellige måder at tænke, opleve og handle på. Hvorvidt disse forskelle er af biologisk eller kulturhistorisk oprindelse er i denne forbindelse underordnet, idet ligeværdighedens princip netop vægter forskelligheden og altså ikke stræber imod at udligne eller opløse den. Der er derfor brug for de samme kvaliteter i holdning og adfærd, hvad enten vi taler om personlige relationer mellem mand og kvinde, voksen og barn, hindu og kristen, afrikaner og skandinav, læge og patient, leder og medarbejder.

Der er mange gode grunde til den usikkerhed og rådvildhed, som præger så mange af de moderne familier, der har været modige nok til at give slip på fortiden for at eksperimentere med mere humane måder at opbygge fællesskaber på. En af de vigtigste er måske, at vi i et par århundreder har kendt til ligeværdighed som princip, men kun undtagelsesvis som praksis. Vi mangler ganske enkelt klare og forståelige eksempler og rollemodeller.

Hvor »lighed« er en statisk, målbar størrelse, er ligeværdighed en dynamisk proces. Ligeværdighed er en periodisk oplevelse, som begge parter har af forholdet, som i andre perioder må bearbejdes for at reetablere ligeværdigheden. Ligeværdighed adskiller sig bl.a. fra lighed på den måde, at den ikke nødvendigvis afspejler sig i nogen bestemt rollefordeling.

Selv om kvinden står i køkkenet lørdag eftermiddag, mens manden ser fodbold i fjernsynet – eller omvendt, siger det ikke noget om graden af ligeværd mellem dem. Ulighed spiller kun en rolle for ligeværdigheden, hvis den er påtvunget og lighed kun i den udstrækning, forskellige ansvars- og arbejdsområder udvikler nogle centrale, almenmenneskelige kvaliteter hos den, der har påtaget sig dem.

At fædre f.eks. tager sig meget mere af børnene, kan naturligvis godt være en lettelse for mødrene, men forældrenes partnerskab vokser kun i det omfang, fædrenes almenmenneskelige register udvides både i bredde og dybde som følge af samværet med børnene.

Evnen til umiddelbart at kunne optræde ligeværdigt i forhold til en voksen partner eller et barn er som så meget andet afhængig af de erfaringer, vi har fået i vores opvækstfamilie og af de rollemodeller, vi har haft der. Det kan være vanskeligt at møde andre mennesker ligeværdigt, hvis man har været offer i sin familie. Det kan være lige så svært, hvis man altid er blevet forgudet for sit udseende, sin samarbejdsevne eller sine gode karakterer i skolen. For de fleste mennesker er ligeværdighed stadig en kvalitet, som kræver bevidst indlæring og daglig træning.

Jeg har bogen igennem valgt at tage udgangspunkt i børn og børns udvikling, fordi det er det naturlige udgangspunkt, både når vi skal være sammen med vores børn, og når vi skal blive klogere på os selv. Når psykoterapien overhovedet kan bidrage med en smule opklaring og nogle principper i forhold til det at skabe ligeværdige relationer mellem familiens medlemmer, skyldes det, at ligeværd altid har været den eneste holdbare vej ud af psykologiske konflikter og eksistentielle kriser.

Begreber som selvværd, værdighed, at være sig selv bekendt, at være den man er, at udtrykke sig selv, at sige fra og sætte grænser har altid været centrale elementer i helbredelsesprocessen. Vi ved derfor, at de spiller en vigtig rolle ikke bare for den enkeltes psykiske, sociale og spirituelle sundhed, men også når vi skal skabe frugtbare familier og fællesskaber.

Alle disse kvaliteter er børn enten født med eller skal blot støttes i at udvikle. Historisk set har netop disse kvaliteter ligget i dvale hos den enkelte fra omkring 2-årsalderen og indtil voksenalderen. For mange varede dvaletilstanden hele livet, og for andre kom det på et tidspunkt til et personligt gennembrud – ikke så sjældent i form af et sammenbrud.

Hele vejen op igennem det 20. århundrede har vi vænnet os til, at lav selvfølelse, misbrug og andre former for selvdestruktiv adfærd, psykosomatiske lidelser, depressioner m.fl. har haft status som folkesygdomme. På tærsklen til et nyt århundrede, står vi med to ting, som kan ændre dette billede. Vi er på vej væk fra det veltilpassede massemenneske som ideal, og vi har fået viden og erfaringer om menneskets sundhed og udvikling, som på mange måder vender fuldstændig op og ned på vores menneskesyn.

2 BØRN SAMARBEJDER!

Når børn holder op med at samarbejde, er det, enten fordi de har samarbejdet for meget for længe, eller fordi deres integritet lider overlast. Det er aldrig, fordi de er usamarbejdsvillige.

2.1 Den basale konflikt

Lige siden de tidligste skriftlige kilder har mennesket været bevidst om sit fundamentale eksistentielle dilemma: konflikten mellem individ og gruppe, individ og samfund, individuation og konformitet, identitet og tilpasning – eller, som jeg har valgt at kalde den: konflikten mellem integritet og samarbejde.

INTEGRITET
(selv, identitet, jeg ....)
⇧
KONFLIKT
⇩
SAMARBEJDE
(at kopiere/efterligne)

I generationer har al opdragelse, pædagogik og behandling bygget på en ganske bestemt forståelse af denne konflikt. En forståelse der siger, at børn er potentielt usamarbejdsvillige, asociale eller egocentriske. Derfor har de voksnes opgave været indlysende: De skulle sørge for at lære barnet,

39

hvordan man samarbejder, tilpasser sig og tager hensyn. Midlerne har varieret, og især i anden halvdel af dette århundrede er tendensen gået i retning af mindre fysisk vold og mere dialog. Da jeg blev født, anbefalede sundhedsplejersker og børnelæger struktur og hygiejne. -»Ro, Renlighed og Regelmæssighed« kom systemet til at hedde. Mødrene fik at vide, at de skulle sørge for, at deres spædbørn blev ammet til bestemte tider og med bestemte intervaller, og det samme gjaldt søvn, hygiejne osv. Argumentet var, at børnene ellers ville tage magten! Når mødrene senere bekymrede sig over, at deres børn ofte var frustrerede og græd, stod fagfolkene parat med formaninger om ikke at give op og forsikringer om, at børnene såmænd ikke tog skade af at græde og hyle lidt. Det var tværtimod godt for lungerne. Mange af os har overlevet de første leveår i forholdsvis god stand, fordi vores forældre ikke havde hjerte til at høre på vores frustration og derfor trodsede lægens ordre og tog os op i utide.

Metoden byggede på samme forståelse af børns natur, som jeg lige har beskrevet. Man vidste, at også børn kommer i konflikt mellem deres behov for at bevare sig selv intakte på den ene side og deres trang til at samarbejde på den anden. Blot mente man, at de 9 ud af 10 gange, hvor de kom i denne konflikt, ville vælge at tage vare på sig selv. Forældrenes modspil var derfor udformet således, at børnene fra starten kunne vide, hvem der bestemte.

I løbet af de sidste ca. 40 års intensive terapeutiske arbejde med familier har vi lært, at tingene hænger præcis modsat sammen!

Det er faktisk sådan, at når børn kommer i denne konflikt mellem integritet og samarbejde – og det gør de ligesom voksne snesevis af gange hver dag – så vælger de 9 ud af 10 gange at samarbejde. Børn har ikke brug for voksne til at lære sig, hvordan man tilpasser sig, eller hvordan man samarbejder. De har derimod hårdt brug for voksne, som kan lære dem, hvordan man tager vare på sig selv i samspil med andre.

Der er to grunde til, at dette kan være vanskeligt at forholde sig til som voksen. Den første er, at vi normalt ikke hæfter os ved børns adfærd, når de samarbejder. Vi lægger først mærke til den, når de holder op eller nægter at samarbejde. Den anden er, at børn samarbejder/kopierer på to måder: retvendt og spejlvendt. Men lad os først se på, hvad samarbejde egentlig betyder i denne sammenhæng.

2.2 Samarbejde

Som nævnt (se ill. I, s. 39) betyder samarbejde her, at børn kopierer eller efterligner de betydningsfulde voksne, der omgiver dem. Først og fremmest forældrene, naturligvis, men senere også andre voksne, som de er i nær kontakt med.

Eksempel
Mange forældre har oplevet følgende »mysterium«: Forældrenes barselsorlov er forbi, og barnet skal for første gang afleveres i en dagpleje eller en vuggestue. Forældrene opdager hurtigt, at der er forskel på, hvem der afleverer barnet om morgenen. Når mor afleverer, er barnet ulykkeligt, og uanset hvad hun gør for at berolige det, hjælper det ikke. Når far afleverer barnet, sker det ikke. Situationen er nem og ukompliceret.

Denne oplevelse har ført til utallige diskussioner mellem forældre om, hvor god eller dårlig dagplejen eller institutionen er, eller hvor »overbeskyttende« moderen er, eller hvor lidt omsorgsfuld faderen er.

I langt de fleste tilfælde skyldes det ingen af delene. Årsagen er helt enkelt, at moderen (med god grund) endnu ikke er følelsesmæssigt parat til at skilles fra sit barn. Hun er urolig, trist, nervøs eller ulykkelig, men har måske gennem mere end 3 måneder undertrykt disse følelser, fordi familiens livssituation nu engang er sådan, at en af forældrene ikke kan blive hjemme og passe barnet.

Selv om moderen (eller faderen) altså ikke mere er sig disse følelser bevidst, så mærker barnet dem – og kopierer dem. Barnet giver sin mor en kompetent tilbagemelding, som i voksensprog ville hedde: »Kære mor, der er noget galt imellem os – et eller andet er uafklaret. Jeg gør dig opmærksom på det og regner med, at du vil tage ansvaret for at få det opklaret, så vi begge kan føle os godt tilpas.«

Hvis vi nu spurgte denne mor, som lige har forladt sit skrigende barn, om hendes barn samarbejder, så ville hun sikkert sige »nej«. Det ville hun gøre, fordi hendes forestilling om samarbejde mere ligner tilpasning – altså at hendes barn lod sig aflevere stille og udramatisk. Lignende situationer kan man opleve ved lægebesøg, tandlægebesøg o.l.

Eksempel:
Karen og Christian har fået deres første barn efter mange års ufrivillig barnløshed. Som de fleste andre nybagte forældre er de ovenud lykkelige og samtidig usikre på, om de nu kan leve op til det kæmpeansvar, som deres barn også repræsenterer.

Karen har taget et års orlov fra sit arbejde, og af mange grunde får hun og Christian aldrig rigtig snakket om deres usikkerhed, så hun går rundt i en krævende hverdag sammen med deres barn og ved ikke rigtigt, hvad hun skal gøre med usikkerheden. Når Christian kommer hjem fra arbejde, eller når venner og familie kommer forbi, spørger de enten kun til barnets velbefindende, eller også konstaterer de, hvor pragtfuldt det må være for hende at kunne være så meget sammen med sit barn.

Langsomt fortrænger hun usikkerheden og bliver i stedet meget nøjeregnende med sit barns hygiejne og kost. Hendes datter skal se ordentlig ud i tøjet, hun skal ikke være hudløs i numsen og hun skal spise regelmæssigt og helst meget.

I 3-månedersalderen ammer Karen stadig sin datter, som pludselig begynder at gylpe mælken op igen. Karen bliver desperat, men taler ikke med nogen om problemet, og først da datteren begynder at tabe i vægt, får hun taget sig sammen til at snakke med sundhedsplejersken. Da der er en lille statistisk mulighed for, at datteren er født med en for snæver mavemund, bliver hun undersøgt på hospitalet. Der er ikke noget fysisk i vejen, og datteren fortsætter med at gylpe. Amningen, som før var en intim hyggestund, er blevet et mareridt for både mor og datter.

Der gik endnu et par uger og familien skulle igennem endnu en indlæggelse på børneafdelingen, før de besluttede sig for at kontakte en familieterapeut.

Også Karens barn samarbejdede og gav sin mor en kompetent tilbagemelding. Hvordan det skulle oversættes, var ikke til at vide, før de nærmere omstændigheder i familien var klarlagt.

Det første gylp kunne betyde:

– Tak for mad mor. Nu er jeg mæt!

Eller:

– Mor, jeg vil helst spise, når jeg er sulten og ikke når du har brug for en hyggestund!

Eller:

– Der er noget galt imellem os, mor. Du er efterhånden så optaget af at være en god mor, at du helt glemmer, at jeg også har nogen behov. Tror du ikke, du skulle se at få snakket med far?

Eller:

– Hør nu her mor. Sådan som du behandler mig, kan jeg ikke trives. Det er til at brække sig over!

Før familien nåede så langt, var situationen allerede polariseret, sådan som traditionel psykologi har tendens til. Enten er barnets mor neurotisk, forældrenes ægteskab dårligt, eller også er der noget i vejen med barnet.

Direkte adspurgt om, hvordan hun kunne forestille sig, at datteren ville samarbejde, svarede hun:»Hvis bare hun vil begynde at spise normalt og tage på i vægt, så er jeg glad.«

Men sådan samarbejder børn ikke. De går til tingenes rod. De gør det helt ubevidst, men sætter altid med usvigelig sikkerhed fingeren på den konflikt, som i øjeblikket forhindrer familiens trivsel.

Eksempel:

Familien er på restaurant. Børnene på 4 og 7 nyder både maden og familieudflugten i fulde drag. Også forældrene har det fint med situationen og hinanden. Da kaffen bliver serveret, og ungerne har spist deres isdessert, bliver de voksne helt opslugt af en vigtig og fortrolig samtale.

Børnene sidder lidt ved bordet og lytter med, men snart finder de på en leg. De går (meget stilfærdigt) i stadigt mere indviklede mønstre rundt mellem de ubesatte borde i restauranten. Et par gange kalder forældrene på dem, men da de hurtigt fordyber sig i hinanden igen, bliver børnene ved.

Pludselig kalder faderen lavmælt og vredt på dem. Da de lydigt kommer hen til familiens bord, siger han:»Kan I da slet ikke høre? Hvis I ikke kan opføre jer ordentligt, kan det jo ikke nytte noget, at I får lov til at komme med i byen. Men nu er det nok! Nu kører vi hjem!«

Børnene er lamslåede. De siger ikke et ord og forlader lokalet med nedslåede øjne og skuldrene oppe om ørerne. De havde jo bare samarbejdet! De havde ovenikøbet samarbejdet helt åbent og direkte uden behov for psykologisk oversættelse: Vores forældre er optaget af hinanden, vi finder selv på noget, så vi ikke forstyrrer.

Ingen ved, hvad der efterfølgende skete i denne familie. Måske var aftenen trods alt så vellykket, at forældrene glemte episoden. Måske gjorde de ikke. I hvert fald er det ikke svært at forestille sig følgende replikskifte et par måneder senere:

Barn: – Åh, ja ... skal vi ikke gå på restaurant!

Far: – Joh, måske ... men så skal I også opføre jer ordentligt og ikke ødelægge det hele ligesom sidste gang!

Og endnu engang er spontan, kærlig og hensynsfuld adfærd blevet forvrænget til »pæn opførsel«. Ligeværdigt samarbejde er blevet afløst af lydighed.

Børns evne til at samarbejde viser sig på alle områder. Vi kender godt nogle af de ydre: Drengen der allerede i 4-årsalderen går ligesom sin far; børn der kopierer forældrenes måde at spise på eller deres måde at tale til de mindre søskende på o.l. Det er ikke så tit, vi bliver oprørte eller forvirrede, når den slags spejle holdes op foran os.

Det sker mere, når børn kopierer/udtrykker følelser og holdninger, som vi enten helst vil holde for os selv eller slet ikke er bevidste om. Når de er små, ser de endda ofte på os for at aflæse vores følelser, før de selv udtrykker sig. Læg f.eks. mærke til, hvad der sker, når man besøger en familie med et barn mellem 6-8 måneder og 2-2½ år: En af forældrene åbner døren med den lille på armen, og den lille studerer intenst sin fars eller mors ansigt i nogle sekunder, før det selv hilser gæsten. Hvis den voksne er urolig, nervøs, bange eller bare ikke bryder sig om at få gæster, begynder barnet at græde eller vender ansigtet bort fra gæsten. Det hjælper ikke, at den voksne tager sit imødekommende sociale smil på og siger: »Næh, er det dig! Kom endelig indenfor!«

På samme måde holder de sig vågne, hvis mor eller far har besøg af en ny kæreste og enten ikke er sikker på sit forhold til kæresten eller helst vil skjule sine følelser for barnet.

Som familieterapeut oplever jeg hver dag, hvordan især mindre børn er urolige og opmærksomhedskrævende, så længe jeg og forældrene endnu ikke har indkredset familiens problem. Når det lykkes, og forældrene har accepteret ansvaret for at tage fat på problemet, falder de mindste i søvn, og de lidt større børn sætter sig til at tegne eller begynder at kede sig og vil hjem.

Børns evne og villighed til at kopiere deres forældre strækker sig helt til forældrenes måde at håndtere konflikter og problemer på, og det har ofte ført til spekulationer om, hvorvidt alkoholisme f.eks. er en del af den biologiske arv. Den familieterapeutiske erfaring fortæller os, at det nok snarere er udtryk for børns samarbejde med en selvdestruktiv forældre-personlighed, som de var særligt knyttet til.

Det sker ikke så sjældent, at f.eks. 2 børn i samme familie samarbejder henholdsvis retvendt og spejlvendt. Det får ofte både forældre og fagfolk til at undre sig, for børnene har jo de samme livsbetingelser, de bliver opdraget på samme måde!

Eksempel:
En ung mor i en kroatisk flygtningelejr henvender sig til lejrens psyko-sociale team, fordi hun har problemer med sin yngste søn på 7 år. Han er umulig, trodsig, klynkende og klæbende – kort sagt: ulydig og usamarbejdsvillig.

Familien består derudover af en ældre søn på 12 år. Faderen er blevet dræbt ved fronten i Bosnien et halvt år tidligere, og det meste af den øvrige familie er spredt rundt omkring i forskellige landes flygtningelejre og asylcentre. Moderen beskriver sin ældste søn som hjælpsom, moden og samarbejdsvillig. Lærerne i skolen oplever ham som indesluttet, men dygtig og flittig. Familien har været udsat for kolossale omvæltninger og store tab. Familien har bl.a. mistet deres hjem, venner, skole, familie, far og ægtemand. Moderen har valgt at forholde sig til disse tab på samme måde, som 9 ud af 10 forældre spontant vælger: Af hensyn til børnene holder hun sin store sorg inden i sig selv og græder kun af og til, når hun er alene. Det er et kærligt og velment valg, der desværre er lige så usundt for hende selv og børnene, som det er almindeligt.

Den ældste søn samarbejder med sin mor ved at gøre, som hun gør. Han holder sin sorg for sig selv, mister livsgnisten, falder sammen i kroppen og går rundt med lidt mekaniske bevægelser og et tillukket, noget forstenet ansigt. Han vækker medfølelse og omsorg hos de voksne, der møder ham. Han har et uudtalt fællesskab med sin mor, som beroliger og bekræfter dem begge. Han er en retvendt kopi af sin mors ydre adfærd.

Denne lille på 7 år gør det omvendte. Han er den i familien, der aktivt giver udtryk for sorgen, fortvivlelsen, længslen efter fællesskabet, frustrationen og fornægtelsen. Han forsøger at udtrykke de følelser, som moderen holder tilbage. Men moderen kan ikke på samme tid lukke sig om sine egne følelser og åbne sig for hans. Dertil er deres følelser alt for ens. Han vil på sin side gerne samarbejde som sin storebror, men magter det ikke.

Hans følelsesudtryk bliver halvkvalte og frustrerede og vækker derfor ikke omgivelsernes medfølelse og omsorg, men deres magtesløshed og irritabilitet. Han bliver ikke »stor og fornuftig« som broderen. Han bliver »lille og uartig«.

Moderen samarbejder og giver afkald på sin egen sundhed af hensyn til det, hun forstår som det bedste, hun kan gøre for børnene. Begge hendes børn samarbejder og giver afkald på deres sundhed, men det er i dette tilfælde den lille, der har nøglen til et sundere fællesskab i familien. Det er ham, der viser vejen.

Moderen var klog nok til at vide, at hun havde brug for hjælp. Det er ikke så vigtigt, hvordan hun i første omgang forstod problemet. Det vigtigste var, at hun så signalet og tog det alvorligt nok til at snakke med nogle andre voksne om det. (Hun kom med i en gruppe af ligestillede kvinder og fik der mulighed for at bearbejde sin sorg, hvilket hjalp hendes ældste søn til også at give udtryk for sin, og hendes yngste søn til igen at stå på egne ben).

Det samme fænomen ser vi ofte i familier, hvor fysisk vold er en del af familielivet. Jeg taler her i første omgang ikke om den vold, der desværre stadig er en del af mange forældres forsøg på børneopdragelse, men om de familier, hvor manden hyppigt optræder voldeligt over for både ægtefællen og børnene.

To børn i en sådan familie vil typisk samarbejde på hver sin måde (dvs. med hver sin voksne), således at de allerede som teenagere vil optræde helt forskelligt. Den ene vil være lige så udadrettet voldelig og destruktiv som sin far og den anden vil rette volden indad og blive selvdestruktiv. Det selvdestruktive kan manifestere sig på mange forskellige måder. Det kan være oplagt selvdestruktivt som f.eks. stof- eller spiritusmisbrug, selvmordsforsøg eller seksuel promiskuitet. Men det kan også være mindre iøjnefaldende, som f.eks. stilfærdig, selvudslettende adfærd, manglende evne til at sige til og fra, overansvarlighed i forhold til andre o.l. Altså måder, som vi ofte fejlagtigt anser for at være resultater af »god opdragelse«.

Af mange grunde er det stadig sådan, at det oftest er drengene, der blive voldelige, og pigerne der bliver selvdestruktive. En af de vigtigste grunde er måske, at pigerne oftere tager moderen som model og derfor samarbejder med hendes selvdestruktive mønster. Der er dog noget der tyder på, at det ikke forholder sig helt så enkelt, men måske snarere handler om, at børns relationer til deres forældre er af forskellig natur og kvalitet.

Hele spørgsmålet om retvendt og spejlvendt kopiering/samarbejde er skematisk set meget enkelt:

- Børn, der bliver kritiseret, bliver enten kritiske eller selvkritiske.
- Børn, der bliver opdraget med vold, bliver enten voldelige eller selvdestruktive.
- Børn, der vokser op i familier, hvor ingen udtrykker sig personligt, bliver enten tavse eller snakkesalige.
- Børn, der udsættes for voldelige eller seksuelle krænkelser, bliver enten grænseløse og selvdestruktive eller grænseløse og krænkende.

Listen kunne sagtens gøres længere og mere detaljeret, men det er ikke hensigten at formulere en facitliste. Meningen er blot at minde om, at vi alle har vore gode grunde til at handle, som vi gør. Vi er alle kommet uskyldigt til vores destruktive/selvdestruktive adfærd.

Det interessante (og kompetente!) ved børn er, at det kun er destruktiv voksenadfærd, de spejlvender eller forvrænger, og det gør de endda ofte på måder, som først viser sig som noget problematisk i deres liv årtier senere. Omvendt betyder det ikke, at børn altid samarbejder spejlvendt med destruktiv voksenadfærd. I ca. halvdelen af tilfældene, samarbejder de retvendt, hvilket omgivelserne naturligvis oplever som et problem langt tidligere. Børn, hvis forældre har held til at undgå at optræde destruktivt det meste af tiden, kopierer deres forældre retvendt.

- Børn, som behandles med respekt, svarer med respekt.

– Børn, som behandles med omsorg, opfører sig omsorgsfuldt.
– Børn, som ikke krænkes på deres integritet, krænker ikke andre.

Problemet med ord som respekt, omsorg, vold, kærlighed, hensynsfuldhed o.l. er imidlertid, at de er alt for abstrakte. Mange af de handlinger, de fleste voksne har lært at anse for at være kærlige og omsorgsfulde, er det ikke. De er kærligt ment, men det er ikke tilstrækkeligt. I de gode gamle dage, hvor familien var en autokratisk magtstruktur, kunne forældrene holde børnenes kompetence nede. Det er heldigvis blevet meget sværere. Børn og unge er blevet mere selvbevidste, forældre er blevet mere fleksible, og det omgivende samfund er i langt højere grad indstillet på at tage det enkelte barns trivsel alvorligt.

2.3 Integritet

Ordet integritet er en slags overskrift eller samlende begreb for barnets fysiske og psykiske eksistens: selvstændighed, grænser, ukrænkelighed, egenart, »jeg«, identitet m.v.

Som nævnt er børn stort set hjælpeløse med hensyn til at beskytte deres egen integritet i forholdet til forældrene. Det betyder ikke, at de generelt er inkompetente – de kan faktisk i vid udstrækning sætte deres grænser – men det betyder, at de ofte opgiver hensynet til sig selv hurtigt til fordel for samarbejdet med forældrene.

Som illustration kan vi se på en af de store, klassiske krænkelser: Incest, her forstået som fædres eller mødres seksuelle misbrug af egne børn eller stedbørn, er en dramatisk krænkelse af barnets fysiske og psykiske integritet.

Alle incestofre kan berette, hvordan de har følt, at det, der foregik, var helt forkert, og hvordan de på forskellige måder – verbalt og nonverbalt – forsøgte at værge for sig. En kærlig, moden og omsorgsfuld voksen ville umuligt kunne overse disse forsøg på at sige »nej!«. Men alle incestofre har opgivet deres egne grænser til fordel for samarbejdet, og når krænkeren har truet eller på anden måde manipuleret dem til tavshed over for omgivelserne, har de været mere loyale over for dette urimelige løfte, end de har været over for sig selv. Ofte gennem et helt liv og allermindst i flere år.

Når børn kan reagere så selvdestruktivt på et overgreb, som langt de fleste samfund anser for at være både moralsk forkasteligt og juridisk strafbart, skal der ikke megen fantasi til at forestille sig, hvor tavst og selvdestruktivt børn dagligt forholder sig til overgreb, der er alment accepterede som en værdifuld eller nødvendig del af »god opdragelse«.

En del af børns problemer er, at de generelt reagerer selvdestruktivt på krænkelser. Når forældre bevidst eller ubevidst krænker deres børns integritet på samme måde og med jævne mellemrum, kommer børnene ikke til den konklusion, at deres forældre handler forkert. De kommer til den konklusion, at de selv er forkerte! De mister *selv*følelse og akkumulerer *skyld*følelse.

Arbejdet med voksne torturofre har lært os, at der er en slags proportionalitet imellem krænkelser og skyldfølelse. Tortur har det klare mål at udslette ofrets integritet så totalt, som det er muligt, uden at ofret – i hvert fald på et vist stadium – dør. Når tortur er vellykket set fra bødlens synspunkt, bliver ofrets skyldfølelse total.

Det samme fænomen kender vi hos børn og unge, som er anbragt uden for hjemmet pga. omsorgssvigt. Hvis den svigtende omsorg har manifesteret sig som fysiske og psykiske overgreb, lider børnene af ekstremt lav selvfølelse og en meget stor skyldfølelse, der ofte viser sig som loyalitet over for forældrene og f.eks. får dem til at tage på weekend- og feriebesøg hjemme, selv om de ved, at det kommer til at gøre ondt.

Anderledes med børn, hvis forældre bare ikke har magtet at sørge for dem, men i øvrigt ikke aktivt har mishandlet dem. Disse børn ser ofte mere realistisk på deres forældre og kan bedre træffe valg, som tjener deres egne behov.

Men tilbage til almindelig, daglig omgang mellem børn og voksne. Børn har altid kunnet gøre voksne opmærksomme på, når deres integritet blev krænket, men deres kompetence er, som tidligere anført, ofte blevet ignoreret, undertrykt eller misfortolket.

Da jeg var barn, var det helt almindeligt, at både forældre og lærere troede på, at man kunne gøre børn »rigtige« ved at fortælle dem, hvor »forkerte« de var; at børn ville blive »artige«, hvis man med tilstrækkelig overbevisning i stemmeføring og mimik fortalte dem, hvor »uartige« de var.

At fortælle børn, hvor forkerte de er, er en klar krænkelse af deres integritet. Det har børn altid forsøgt at fortælle de voksne med et klart og utvetydigt, nonverbalt budskab: De får tårer og/eller et smertefuldt udtryk i øjnene, ser et øjeblik på den voksne, og hvis ikke budskabet bliver opfattet, bliver de stive i kroppen og sænker øjnene mod gulvet og hovedet mod brystet. Et klart budskab, som kun mangler ordene: »Du sårer mig!« for at være helt utvetydigt.

Ordene har ofte været der i begyndelsen, men er blevet mødt med et: »Ti stille, når jeg taler til dig!« og kroppens sprog er blevet misfortolket som trods og mødt med et: »Se på mig, når jeg taler til dig!« På denne måde levede forældre både dengang og nu op til det udvendige, sociale ideal: »Det er ikke vigtigt, om det, jeg siger, gør ondt på dig eller ej – og hvis det gør, så husker du måske bedre! Det er vigtigere, at du lærer almindelig høflighed, og til det hører, at man ser på den, man taler med!«

Hvis det ikke var nok, tog den voksne barnet under hagen og tvang ansigtet opad, og så var der kun et forsvar tilbage: De nedslåede øjne, som kunne gøre de fleste opdragere desperate nok til enten at optrappe den fysiske vold eller sende barnet i isolation, til det kom på bedre tanker.

Dette helt dagligdags fænomen er en grov krænkelse af barnets integritet med livsvarige konsekvenser. Ikke bare for barnets fortsatte livskvalitet, men også for kvaliteten af det fortsatte forhold mellem forældre og barn.

Når det kunne foregå i Danmark i stor målestok for 30 og 40 år siden, og i mange lande stadig foregår som noget helt alment accepteret, skyldes det to ting:

For det første var det sådan, alle forældre gjorde, og så er det næsten per definition rigtigt. Den anden grund er den vigtigste i denne sammenhæng: børn samarbejder! Det samme barn, som i eksemplet enten får øretæver eller bliver sendt i seng uden aftensmad eller ind på sit værelse for at komme til fornuft, kan vi finde to timer senere eller næste morgen i tilsyneladende harmoni med sine forældre. Han spiller fodbold med sin far, hyggesnakker med sin mor eller drøner rundt i gården og leger med de andre børn. Måske har han først skulle aflevere en rituel undskyldning til forældrene, eller måske har forældrene taget initiativet med et: »Så, skal vi nu ikke glemme det og være gode venner igen«.

Han er ikke rasende på sine forældre, og han ser ikke mere kritisk på dem, end han gjorde før. Han har mistet endnu en smule selvfølelse, han er blevet lidt mindre sig selv og lidt mere sådan, som de vil have ham. Men ligesom alle andre børn elsker han sine forældre helt ubetinget, og han er parat til at give dem den søn, de vil have, næsten uanset omkostningerne. Han er så overbevist om, at de er rigtige og han forkert, at han med stor sandsynlighed vil fortrænge smerten og ydmygelsen og om 20 år gøre det samme mod sin egen søn.

Børns evne til at samarbejde bliver ofte taget til indtægt for, at denne eller hin måde at opdrage dem på er »rigtig«, eller at de ikke »tager skade« af, hvad vi voksne udsætter dem for.

Eksempel:
En ung mor havde svært ved at overskue alt det, hun skulle ordne og sørge for, når hun kom hjem fra arbejde. Hun boede ikke sammen med børnenes far, så hun var alene om at vaske tøj, passe børnene på 3 og 5 år, gøre rent, lave mad, ordne haven osv. Hendes løsning blev at låse børnene inde på børneværelset i nogle timer hver dag, mens hun tog sig af alt det praktiske.

I børnehaven lagde pædagogerne mærke til, at begge børn var noget passive og lidt triste og melankolske at se på. En af pædagogerne tog en snak med børnene, og de fortalte bl.a., at de var kede af at blive låst inde. Ved en samtale med moderen vedgik moderen åbent sin praksis og forsvarede den med to argumenter: Dels at hendes egen mor havde gjort det samme, uden at hun (moderen) havde taget skade af det og dels, at hun kunne høre børnene lege og snakke, når hun gik forbi den låste dør. Hun troede, børnene trivedes, men de samarbejdede bare.

Igen drejer det sig ikke om »rigtigt« eller »forkert«, ikke om det er rigtigt eller forkert at låse børn inde i 3 timer om dagen. Det handler om at lægge mærke til børns signaler og tage dem alvorligt, også når det betyder, at man som voksen må ændre på en praksis, man har lært at kende som rigtig i sin egen opvækst eller under sin uddannelse, og også selvom alle andre i byen gør det samme.

Fysisk vold er en krænkelse af alle menneskers integritet – også af børns. Det gælder også, selv om vi kalder det noget andet: »den eneste udvej«, »de klap bagi, de selv har fortjent«, »revselsesret« etc. Alene antallet af eufemismer, vi har fundet på, for ikke at kalde det simpel vold, fortæller noget om, at vi godt ved, at her er der noget galt.

Og alligevel kan man argumentere for voldsanvendelse med samme argumenter, som den unge mor brugte for at låse sine børn inde: Jeg fik selv et par på kassen som barn, når jeg havde fortjent det, og det har jeg aldrig taget skade af. Og: Det virker! Hvis børn gør noget, man ikke kan lide, skal man bare slå dem hårdt nok og ofte nok, så holder de op!

Argumentet, at »det virker«, er almindeligt ikke bare i samspillet mellem forældre og børn, men også i professionel pædagogik og behandling. Jeg mener, det er på høje tid, at vi holder op med at bruge det som hovedargument, og det mener jeg af to grunde.

For det første ved vi nu så meget om børns (og voksnes) evne og vilje til at samarbejde, at argumentet ikke længere holder vand.

For det andet ved vi efterhånden så meget om langtidseffekten af f.eks. vold, at det simpelthen ikke er etisk forsvarligt at begrunde voldsanvendelse med den overfladiske effekt, det har på kort sigt.

Jeg mener tiden må være inde til, at vi begynder at stille mindre primitive spørgsmål til det, vi gør mod hinanden, hvad enten vi kalder det opdragelse, pædagogik eller terapi. Det er ikke tilstrækkeligt, at noget »virker«. Vi må undersøge, hvorfor og hvordan det virker. Hvad er den menneskelige og mellemmenneskelige pris, vi selv, børnene, klienterne, borgerne og patienterne må betale for noget, der umiddelbart ligner en succes?

Hvis prisen er, at den ene part må ofre sin integritet for at tilfredsstille den anden, så er prisen for høj. Det er et enkelt og civiliseret etisk princip.

Problemet er som nævnt, at »alting virker« og jo mere det kræver, at den ene part opgiver sin integritet, jo bedre virker det tilsyneladende. Derfor ligner det 6-årige incestoffer som 13-årig en flirtende Lolita. Derfor begår japanske skolebørn selvmord af præstationsangst. Derfor har nyreligiøse fidussekter så stor tiltrækningskraft. Derfor græder titusinder af mennesker, når en Stalin eller en Tito dør. Derfor kan patriarkalske familiefædre og magtsyge bedstemødre leve i den illusion, at de har familien bag sig, når de i virkeligheden har den under sig.

Dengang vi stadig troede, at børn fødtes som inkompetente halvmennesker, var det muligt at retfærdiggøre krænkelser af deres integritet. De voksne havde magten, inkl. magten til at fortolke og beskrive virkeligheden. De voksne vidste simpelthen, hvad der var bedst for børn. De vidste, hvad der skulle til, for at børn kunne vokse op og blive rigtige mennesker.

- Du vil lære at sætte pris på det, når du bliver voksen!
- Det er for dit eget bedste!
- En dag vil du takke mig, for det jeg gør nu!
- Det gør mere ondt på mig, end det gør på dig!

Det er blot nogle af det klassiske udsagn, som har akkompagneret krænkelser af børns og unges integritet. Udsagn som, i en sympatisk fortolkning, både fortæller om de voksnes ubehag ved at handle, som de gjorde, og om den sociale nødvendighed af netop at handle sådan.

Nu ved vi bedre. Vi ved, at børn er kompetente:
- Børn kan markere indholdet af og grænserne for deres integritet.
- Børn er sociale fra fødslen.
- Børn samarbejder kompetent med enhver form for voksenadfærd, uanset om den er konstruktiv eller destruktiv for deres eget liv.
- Børns verbale og nonverbale tilbagemeldinger til forældrene er samtidig kompetente henvisninger til forældrenes emotionelle og eksistentielle dilemmaer.

Kort sagt: Børn er mest værdifulde for deres forældres liv, når de opleves mest besværlige!

Jeg skal bogen igennem forsøge at belyse og begrunde denne, måske noget provokerende iagttagelse, som er en af hjørnestenene i en ny slags relation mellem forældre og børn. Her blot 3 eksempler:

Eksempel:
Da Nicolas er 11 måneder gammel, gennemgår hans forældres ægteskab en større krise, som bl.a. medfører, at de flere gange sidder oppe til langt ud på natten og skændes.

Hver gang dette sker, vågner Nicolas og græder. Forældrene tager ham op og forsøger at berolige ham. Men intet hjælper. Uanset, hvad de gør, er han utrøstelig, og jo mere de forsøger at gætte sig til hans behov, jo mere klæbende og irriterende bliver han – indtil han efter en times tid falder i søvn af udmattelse. Næste morgen er han som regel lidt pivet og pirrelig.

Forældrene ved, at børn er kompetente og de ved derfor også, at Nicolas ikke opfører sig på denne måde for at »få opmærksomhed« eller for at forstyrre eller ødelægge noget for dem. De kommer i tanke om et lignende fænomen: Nicolas vågner ofte, når de elsker, men da er han altid glad og veltilpas og nem at få til at sove igen. De forsøger at se på de natlige skænderier med nye øjne og opdager, at de begge finder dem destruktive. Ikke blot bliver tonen imellem dem hurtigt anklagende og ubehagelig, men skænderierne fører aldrig til noget konstruktivt og efterlader dem begge lidt mere hudløse og lidt mere modløse.

Det lykkes forældrene at finde en mere konstruktiv måde at diskutere deres uoverensstemmelser og forskelligheder på. Nicolas vågner stadig, lidt frustreret og ulykkelig, men hvis han bare får lov til at sidde på skødet hos en af dem i

5-10 minutter, mens de snakker videre, falder han til ro og beder selv om at blive lagt i seng igen.

Blot ved at tage sønnens reaktion alvorligt, lærte forældrene noget, som det måske ellers ville have taget dem år at lære. De kunne ikke vide, om deres oversættelse af hans reaktion var rigtig, før de fik hans nye tilbagemelding, men denne bekræftede, at hans synlige ubehag og frustration fra tidligere betød: »Kære far og mor, jeg kan ikke li' den måde, I forsøger at løse jeres problemer på. Den gør mig bange og ked af det. Vil I ikke godt finde en anden måde?«. Hans ændrede reaktion kunne sige: »Jeg bliver stadig lidt bange og ked af det, når der ikke er harmoni imellem jer, men jeg er rolig ved jeres måde at bearbejde tingene på!«

Eksempel:
Louise er 9 år og et ekstremt besværligt barn, som ikke bare konstant stiller umulige krav til sine forældre, men også er begyndt at opføre sig uhyggeligt selvdestruktivt. Hun klipper sig f.eks. i fingrene med sakse, stikker sig i maven med knive og fremprovokerer næseblod ved at stikke sig med nåle. Hun har en storebror, som hun ofte sammenligner sig med. Hun har f.eks. i flere år sagt til forældrene: »Hvorfor elsker I ikke mig lige så meget, som I elsker Thomas?« Hendes provokerede anfald af næseblod begyndte kort efter, at Thomas havde været hos lægen for at få brændt de små blodårer i næsen, fordi han ofte fik stærke, uprovokerede næseblødninger.

Forældrene »havde prøvet alt!«. De havde forsøgt at være fornuftige og ræsonnable. De havde forsøgt at give hende, hvad hun forlangte. De havde konsulteret andre voksne, som havde anbefalet dem at sætte nogle konsekvente grænser. Men Louise fortsatte ufortrødent. Nogle få gange (som jeg skal vende mere udførligt tilbage til senere i bogen) havde hun bogstaveligt talt kaldt sine forældre sammen til

»møde«, hvor hun havde sagt: »Det kan altså ikke blive ved med at gå, sådan som vi behandler hinanden. Skal vi ikke prøve at være gode venner fra nu af?«

Louises forældre var voksne, kompetente mennesker, som elskede deres datter højt og virkelig havde forsøgt alt, hvad der stod i deres magt, for at få et bedre forhold til hende.

Da vi i fællesskab undersøgte forældrenes forhold til Louise tilbage fra fødslen blev det klart at:

- Det havde været en besværlig graviditet og en smertefuld og kompliceret fødsel.
- Louise havde været besværlig fra begyndelsen. Hun havde været urolig og støjende og havde haft problemer med at spise. Moderen havde følt sig inkompetent og i defensiven.
- Mælken ville ikke løbe til, og de andre mødre på barselsafdelingen sendte bebrejdende blikke mod hende og hendes »skrigeunge«.
- Faderen var dengang stærkt ophængt rent arbejdsmæssigt, idet han var i gang med at skabe en selvstændig virksomhed og efter hans eget udsagn var det gået et par år, før han for alvor havde haft overskud til at engagere sig i sit nye barn og i sin kones åbenlyse besvær med at få et harmonisk forhold til Louise.

Forskellen på de første måneder og år og den nuværende situation var ikke så stor, og forældrene følte sig begge i defensiven, udmattede og rådvilde. De var ikke vrede eller irriterede på deres datter og forlangte ikke at få hende »undersøgt og repareret«. De havde skyldfølelse og var ulykkelige over, at det nu var kommet så vidt, at Louise var begyndt at gøre skade på sig selv.

Ser vi på Louises situation fra fødslen, er det tydeligt, at hun har manglet den fundamentale tryghed, som er så vigtig for spædbørns trivsel og udvikling. Hun har helt konkret manglet ét aspekt af denne tryghed, nemlig oplevelsen af at være i sikre, kompetente hænder, der vidste, hvad de gjorde. Hendes mor følte sig det meste af tiden i defensiven og hun var alene om at finde udveje for sin rådvildhed.

I denne situation har spædbarnet Louise to muligheder: Hun kan resignere og blive et såkaldt »nemt barn«, eller hun kan aktivt kæmpe for at få, hvad hun mangler. Louise »valgte« det sidste.

Nogle spædbarnsforskere er i de seneste år begyndt at føle sig overbevist om, at børn fødes med et bestemt »temperament«. Jeg er ikke kompetent til at kommentere denne overbevisning, men finder den både sandsynlig og logisk. Inden for mit arbejdsområde er det ikke specielt vigtigt, om f.eks. Louises viljestærke og konfronterende temperament fra begyndelsen var nedlagt i hendes gener eller om de var et mere entydigt psykologisk udtryk for hendes måde at samarbejde på.

Det vigtigste er i denne sammenhæng vores familieterapeutiske erfaringer, som klart siger noget om, hvor vigtigt det er, hvordan forældre møder børns forskellige temperamenter og livsduelighed. Samspillet med forældrene er afgørende for, om barnets temperament udvikler sig som en konstruktiv eller selvdestruktiv del af dets personlighed.

Louise samarbejdede med sin mor med en adfærd, der tydeligt sagde: »Kære mor, da du lader til at være noget rådvild og usikker på, hvordan du skal tage dig af mig, så skal jeg nok fortælle dig det. Jeg skal nok protestere, når du gør noget, jeg ikke kan li', og jeg skal nok kræve ind, når der er noget, jeg vil ha'!«

Da hun fik sprog, forsøgte hun at tale om sit dilemma: »Hvorfor elsker I mig ikke lige så meget, som I elsker Thomas?« Traditionel psykologi (og almindelig folkelig forståelse) fortolker et sådant udsagn som udtryk for jalousi, hvad det efter min erfaring afgjort ikke er. Det er derimod udtryk for en oplevelse af ikke at blive elsket på den rigtige måde, som fører til en oplevelse af ikke at være så værdifuld for sine forældre, som Louise og alle andre børn gerne vil være. Denne sidste oplevelse af »ikke at være værdifuld« går for mennesker i alle aldre hånd i hånd med forskellige følelser af irritabilitet, aggression og frustration. I det mindste kræver det langt mere overblik og langt større modenhed, end noget barn besidder, at se bort fra frustrationen. Det ville indebære, at en 4-5 årig i Louises situation var i stand til at komme til sine forældre og sige: »Hør lige her! Der er noget galt imellem os. Jeg ved, at I elsker mig og jeg gør på min side alt for at gøre mig fortjent til jeres kærlighed. Alligevel føler jeg mig det meste af tiden ikke elsket. Når jeg ser på jeres forhold til min storebror, kan jeg se, at alting flyder meget nemmere jer imellem, og det er jeg ikke helt fri for at være noget misundelig over.«

Ikke sandt! Sådan taler børn bare ikke.

Når denne oplevelse bliver mistolket af forældre og fagfolk og kritisk diagnostiseret som »jalousi«, ja så forstærker det naturligvis barnets oplevelse af at være forkert, hvilket igen fører til, at den »jaloux« adfærd forstærkes ud som en ond cirkel. – Nøjagtigt det samme gælder i øvrigt voksne.

Louises forældre svarede hende, som de fleste kærlige forældre gør: »Jamen Louise, det passer ikke! Vi elsker dig præcis lige så højt, som vi elsker Thomas!« Et svar, som både er ærligt, sandfærdigt og kærligt ment, men som desværre har præcis den modsatte effekt: Barnet oplever sig endnu mere alene og endnu mere forkert: »Jeg kan se, de elsker mig, jeg kan høre, de elsker mig. Når jeg ikke kan mærke, at de elsker mig, så må det være mig, der er noget i vejen med.«

Men tilbage til Louises første måde at samarbejde på: Hun er utroligt »krævende«, som vi har tradition for at kalde det. Hun kræver konstant opmærksomhed fra sine omgivelser; hun forlanger ofte det umulige, som f.eks. en bestemt slags isvaffel uden for sæsonen; hver eneste aften kalder hun fra sin seng 10-15 gange på sine forældre; al hendes tid sammen med forældrene går med krav om snart det ene, snart det andet, og de efterfølgende dramaer, som altid udspiller sig, når forældrene enten ikke kan eller vil opfylde hendes ønsker. Louise lader sig ikke bare afvise!

Også denne form for adfærd bliver ofte mistolket, og forældre bliver, i lighed med Louises forældre, rådet til at lære at »sætte grænser«, »sige fra«, sige »nej«, være »konsekvente« o.l. Problemet er, at disse pædagogiske metoder kun lige berører problemets overflade, præcis som tilfældet er med »jalousi«. Det reelle problem her er, at børn ikke ved, hvad de har *brug* for. De ved ofte kun, hvad de har *lyst* til. Det betyder ikke, at børn på dette område er inkompetente. Det betyder, at de mangler det overblik og den sproglige formåen, som de er henvist til at håbe på, at deres forældre har. De kan ikke sige, hvad de eksistentielt set har brug for, men de kan mærke, når de ikke får det, og de kan give de voksne en tilbagemelding i form af frustreret »besværlig« adfærd eller total resignation og passivitet.

Aktive, livsduelige børn som Louise kræver ind af alt, hvad de impulsivt får lyst til og uanset om de får det hele, en del af det eller ingenting, vil deres krav eskalere både i antal og absurditet. Denne adfærd er naturligvis kolossalt provokerende for de ansvarlige voksne og i sidste ende også frastødende. I sammenhænge og kulturer, hvor man stadig hylder de »gode gamle« opdragelsesprincipper, kan den slags i vid udstrækning holdes nede med fysisk vold og/eller verbale overgreb og barnets irrationelle adfærd vil først komme til udtryk, når det bliver voksent. I andre sammenhænge, hvor forældre bestræber sig på en mere hensynsfuld og demokratisk form for opdragelse, har vi inden for de sidste 10-15 år set et stigende antal familier, der på det nærmeste tyranniseres af små og halvstore børn, som tilsyneladende er helt selvoptagede og asociale. Det er børn, som får for meget af det, de har lyst til – og for lidt af det, de har brug for. Der har altid været børn, som fik for lidt af det, de eksistentielt set havde brug for, og det eneste nye er, at der som følge af mere liberale holdninger til børn og en større økonomisk velstand, kommer flere børn, som også får for meget af det, de har lyst til. Et fænomen, som er specielt tydeligt i nogle af de tidligere østeuropæiske lande, hvor en relativt lille gruppe mennesker pludselig oplever en økonomisk rigdom, som de naturligt nok gerne vil dele med deres børn – ofte i form af ting, som udpræget giver social status.

Louise har altså forsøgt sig med to ting: Først blev hun krævende i et forvrænget forsøg på at fortælle, at der var noget, hun manglede. Så blev hun mere direkte og verbal for at fortælle, at hun ikke følte sig værdifuld. Lige lidt hjalp det. Både hun og forældrene brugte al deres energi, al deres kreativitet og hele deres gensidige kærlighed på at skabe en mere harmonisk relation, men uden resultat. Og dog – ikke helt uden resultat. Det faktum, at Louise sloges så energisk, og at hendes forældre lige så energisk forsøgte at løse problemet, er et langt bedre grundlag for vækst og udvikling, end hvis begge parter havde givet op eller skabt en kølig distance til hinanden.

Som det tredje og sidste forsøg fra Louises side, begyndte hun at tilføje sig selv smerte. »Det er smertefuldt for mig at være sammen med jer ... jeg bløder!«, sagde hun. Og de hørte, hvad hun sagde.

Det viste sig bl.a. ved samtaler med familien, at moderen gennem hele sin barndom havde været udsat for grove fysiske krænkelser fra sin far. Hun havde – kort udtrykt – samarbejdet ved at blive en sød og føjelig pige, som altid stod til rådighed for andres behov; men hun havde lært at kende og udtrykke sine egne behov. Det betød, at hun og Louise nu skulle igennem den samme læreproces – sammen! Moderen skulle, i en lidt sen alder, lære at mærke og udtrykke sine behov og sine grænser, for at hendes datter kunne lære at mærke og udtrykke, hvad hun havde brug for – i en lidt tidlig alder. Louise var den, der i sidste ende gav sin mor modet til at bearbejde det misbrug, hun havde været udsat for i sin familie, og sådan blev hun på et dybt eksistentielt plan værdifuld for sin mors liv – og for sin fars og mors samliv. Det ville aldrig være sket, hvis problemet var blevet defineret som et »opdragelsesproblem«. I allerheldigste fald ville en pædagogisk strategi være lykkedes og Louise ville være blevet nemmere at omgås. Forældrenes selvtillid ville have fået et løft, men prisen ville have været et uerstatteligt tab af selvfølelse for Louise.

Eksempel:
Dette eksempel handler om en lille italiensk pige på 4 år, som i løbet af en kort ferie både formåede at insistere på sin egen integritet, gøre sin familie mere rummelig, og – efter al sandsynlighed – skaffe sin storesøster en mindre problematisk pubertet.

Familien bestod, foruden de to piger på hhv. 4 og 10 år, af far og mor. En udpræget pæn familie, som fra første øjeblik lagde en aura af stilfuldhed omkring sig. Det gjaldt også, da de den første aften indfandt sig ved deres bord i restauranten, velklædte, selvbevidste og korrekte.

Overtjeneren kom hen til familiens bord og introducerede menuen, hvor hver gæst kunne vælge frit mellem tre forretter, tre hovedretter osv. Faderen valgte sin menu, moderen sin, den ældste datter sin (det samme som moderen), og moderen valgte for den mindste. Hun protesterede lavmælt, men definitivt mod moderens valg og sagde, hvad hun hellere ville have. Moderen affærdigede hende med et:

»Det kan du jo alligevel ikke li'!«Og det blev, som moderen havde bestemt, og faderen med et farligt glimt i øjnene havde sanktioneret. Storesøster sad under hele intermezzoet, som varede mindre end et minut, og så velopdragent, neutralt ned i sin tallerken.

Da forretten blev serveret, tog moderen sig af den yngstes, som hun skar i mundrette bidder. Datteren nægtede tavs at spise maden. Mens forretten blev fortæret, forsøgte begge forældre sig med forskellige former for pression, men intet hjalp. I pausen mellem forret og hovedret blev datteren formanet, lokket og truet til at opføre sig anstændigt. Bl.a. blev hun nægtet adgang til restaurantens overdådige dessertbuffet, hvis hun fremturede.

Hovedretten ankom, moderen skar datterens mad i stykker og stak for en sikkerheds skyld det første stykke i munden på hende. Hun tyggede langsomt og modvilligt hele sin portion, og da forældrene uddelte den lovede belønning – desserten efter eget valg – sagde hun, at hun ikke havde lyst til dessert. De øvrige familiemedlemmer så indforstået på hinanden og rystede på hovedet ad hendes »barnagtige dumhed«.

Næste aften gentog dramaet sig med den variation, at den lille pure nægtede at spise noget af det, der blev serveret for hende. Efter hovedretten, beordrede faderen sin kone til at følge datteren op i seng som straf for hendes pinlige opførsel. (Hun var i lighed med den første aften absolut rolig og helt tavs. Det pinlige bestod i, at tjeneren skulle opdage og fjerne den uspiste mad).

Den tredje aften kom familien i »terapi«. Terapeuten var overtjeneren. Efter at have modtaget forældrenes og den ældste datters bestillinger (hun bestilte fortsat præcis det samme som sin mor og modtog hver aften et diskret anerkendende nik fra sine forældre), vendte han sig mod den mindste og sagde: »Og hvad kunne den unge frøken så tænke sig at spise i dag?«

Pigen så overrasket og glad op på ham og reagerede straks ved først at skifte stilling. Hun havde de foregående aftener siddet korrekt (men ukomfortabelt) på stolen, men satte sig nu op på knæ, så hun kom på højde med de øvrige. Det første hun sagde var: »Undskyld, jeg hørte vist ikke rigtigt, hvad De sagde. Er De venlig at læse menuen en gang til?«

»Naturligvis, frøken,« svarede overtjeneren og gennemgik menuen med nøjagtigt de samme ledsagende forklaringer, som de voksne havde fået. Pigen afgav suverænt sin bestilling, og før hendes noget målløse forældre havde genvundet mælet, begyndte hun at konversere dem, som om intet usædvanligt var hændt.

Scenen gentog sig de følgende dage – pigen spiste naturligvis rub og stub – og inden ferien var til ende, var stemningen ved familiens bord hyggelig, levende og spontan. Faderen tillod sig endog at komme til bords i sportsskjorte og uden slips. Den gode opdragelse havde lidt et afgørende, om end ikke definitivt, nederlag – og livet havde holdt sit indtog i familien, anført af en kompetent fireårig. Hun havde vundet det slag, som de fleste børn taber uden kamp: Retten til selv at bestemme hvad hun ville putte i munden, hvornår og i hvilke mængder. Hendes forældre så hendes kompetence, anerkendte den og lod deres liv berige af den.

Men hvad så, vil nogen måske indvende, med de mange børn, som ikke er så heldige at have fleksible forældre eller at møde en genial overtjener? Hvad skal vi stille op med de forældre og andre voksne, som bare er stivnet i deres egen smerte?

Min erfaring er, at mange flere forældre, end vi traditionelt antager, er parat til at høre og lære, men det kræver naturligvis, at vi (fagfolk, naboer, familiemedlemmer, ægtefæller m.fl.) er omhyggelige med ikke at møde dem med den samme kritik, de samme bebrejdelser og den samme blindhed for deres kompetence, som de møder deres børn med. Vi må være parat til at møde dem med samme personlige og menneskelige kvalitet, som vi ønsker, de skal møde deres børn med. Det er anvendt, civiliseret etik! Deres smerte er den samme som deres børns. De har bare haft den længere.

2.4 Konflikten

I samspillet mellem voksne og børn kan det, der er almindeligt anderkendt som god moral, meget vel være dårlig etik.

Både voksne og børn kommer daglig i dusinvis af situationer, hvor vi står mellem to hensyn: Skal vi tage vare på vores egen integritet (dvs. vores personlige grænser og behov) eller skal vi kompromittere den til fordel for fællesskabet (ydre krav, potentiel vold eller afvisning, sociale normer)?

Sådan ser konflikten i det mindste ud for mange, og ikke mindst for børn i de første 3-4 år af deres liv: Det er enten eller! Først familiens og senere kulturens traditioner for dialog og forhandling afgør, om det fortsat skal være et enten/eller, eller om det kan blive et både/og. Muligheden for et både/og er intimt forbundet med evnen til at udtrykke sig personligt og vil blive behandlet i et særskilt afsnit senere i bogen.

Historisk set har det for børn og unge været enten/eller og er det stadig i vid udstrækning, når vi taler om det generelle syn på børn og børneopdragelse. Som nævnt, tyder alt på, at små børn oplever konflikten som en enten/eller-konflikt i 9 ud af 10 valgsituationer og det stemmer i øvrigt meget godt med psykologiens mangeårige understregning af, at de første 3-4 år af børns liv er af afgørende betydning for deres udvikling og senere velbefindende.

I denne konflikt mellem integritet og samarbejde vælger børn for det meste at samarbejde og dermed opgive sig selv, især hvis de udsættes for selv det blideste pres fra forældrene. For at forstå rækkevidden af dette, er det vigtigt at vide, at vi ikke kun taler om det (mere eller mindre) overlagte pres, forældre lægger på deres børn i form af aktiv opdragelse, de institutioner vi indskriver dem i, den boligform og det arbejdsliv vi vælger o.l. Dette bevidste, overlagte pres er af stor vigtighed, men det udgør kun en lille del af de fænomener, børn samarbejder med.

Den største del udgøres af de mange fænomener og processer, som vi er mindre bevidst om, og derfor har meget lidt eller ingen kontrol over. (I det mindste ikke i de år af vores liv, hvor de fleste af os får børn). Det kan være op- og nedturene i vores parforhold; de indre konflikter, som er en del af alle menneskers eksistens; vores forskellige temperamenter; vores relative følelsesmæssige lukkethed eller åbenhed; dødsfald i den nærmeste familie; økonomisk krise eller borgerkrig; den menneskelige og pædagogiske kvalitet i de skoler, vi har mulighed for at sende børnene i – og mange, mange andre ting.

Eksempel:
Et vigtigt aspekt af børns fysiske integritet er deres mulighed for at kunne indtage næring, når de har behov for det og at blive fri, når de ikke har behov. Dette simple og selvindlysende aspekt er et af dem, der i den industrialiserede del af verden manipuleres tidligst og oftest med:

Lille Sarah på 5 måneder har i nogle dage trofast spist en hel portion grøntsagsmos til frokost. En dag spiser hun fire skefulde og afviser at åbne munden for den femte. Hendes mor reagerer først ved at »snakke godt for hende« og da det ikke hjælper, begynder hun den gamle leg : »Se Sarah! Brmmmmm...brmmmmm...brmmmm... se nu kommer der en lille flyvemaskine ... lige ind i munden på ...« Efter endnu et par forsøg begynder Sarah at klynke, moderen holder inde et øjeblik, stryger hende over håret og siger nogle trøstende ord – og prøver med flyvemaskinen igen. Sarah giver op og synker alt, hvad hun får puttet i munden.

En anden lille Sarah på 5 måneder får bryst hos sin mor. Hun tager ikke rigtig fra, selv om moderen både skifter bryst og lokker hende med indsmigrende snak. Moderen bliver hurtigt irritabel, og hun tager Sarah op, holder hende ud foran sig og rusker hende, mens hun siger:»Så, nu kan det være nok med dig! Jeg har ikke tid til at sidde her hele dagen, hvis du tror, du kan bestemme alting her i huset! Nu spiser du – og så færdig!«
Sarah drikker nogle få mundfulde og falder i søvn.

Den første Sarahs mor var offer for en almindelig tvangstanke hos forældre til spædbørn: At stor og konstant appetit hos børn er et bevis på, at de har gode forældre.
Den anden Sarahs mor var ung, uden arbejde og uddannelse og alene med Sarah. Hun havde store personlige problemer og hendes datter udgjorde bogstaveligt talt hele meningen med hendes aktuelle tilværelse. Tit magtede hun ikke at skelne mellem sine egne og Sarahs behov for nærhed og tryghed, med det resultat, at hun ofte holdt den lille vågen, når hun egentlig havde brug for søvn og ofte ammede hende, når hun egentlig ikke var sulten.

Både det bevidste, overlagte pres og det nødvendige, uoverlagte er naturligvis helt uundgåelige. Børn ville være ilde stedt, hvis vi ikke forholdt os aktivt og bevidst til deres fysiske og psykiske udvikling, så der er intet grundlag for at konstruere et ideal, hvorefter den »gode« forælder ikke sætter sine børn i denne eksistentielle konflikt. Det er umuligt! Der er heller ikke nogen mening i, at forældre skal gå rundt med permanent skyldfølelse på det grundlag.

Som forældre er det umuligt at gøre det »rigtige« i forhold til denne konflikt. Vi må nøjes med at forholde os ansvarligt både til vores overlagte, og uoverlagte, fejltagelser – dvs. til de signaler og symptomer børn udvikler. Men lad os først se på konflikten og dens konsekvenser:

INTEGRITET

KONFLIKT → SMERTE → SIGNAL → SYMPTOM

SAMARBEJDE

Jo oftere vi i denne konflikt sætter vores integritet over styr, jo større bliver smerten. Vi kan blive så gode til at fortrænge smerten, at hverken vi selv eller vores omgivelser lægger mærke til den, men på et eller andet tidspunkt sender vi et signal ud – verbalt eller nonverbalt – som fortæller, at der er noget galt. Hvis vi selv og vore nærmeste tager signalet alvorligt, forstår betydningen af det og ændrer adfærd, er konflikten løst, og smerten aftager eller ophører. Hvis ingen af disse ting sker, forstærkes signalet eller ændrer karakter (f.eks. fra et verbalt til et fysisk) og et regulært symptom vil før eller siden vise sig.

Egentlig er der ikke noget mærkeligt ved, at vores psykiske system fungerer på denne måde. Nøjagtig sådan fungerer vores krop, hvis vi et øjeblik for illustrationens skyld skal opretholde den noget gammeldags adskillelse af krop og sjæl. Hver eneste celle i kroppen har sine egne grænser, sin egen identitet og sin egen harmoniske balance. Når vi krænker cellens integritet, kommer kroppen så meget ud af balance, at det medfører ubehag eller smerte, og hvis vi fortsætter krænkelsen, bliver kroppen syg. Det gælder, hvis andre krænker vores fysiske eksistens, og det gælder, når vi selv gør det – tobak og misbrug af medicin eller alkohol f.eks. Hvis krænkelsen ikke er alvorlig og holder op igen, reetablerer kroppen sin egen sundhed, men hvis ikke, vil kroppens harmoni være forstyrret på livstid.

Der er som sagt ikke noget mærkeligt ved den kendsgerning, at vores psykologiske eksistens reagerer på samme måde, og det har mennesker vidst meget længe. Specielt i forholdet mellem voksne og børn – men også imellem mænd og kvinder – er problemet, at der er stor uoverensstemmelse mellem, hvad der er socialt og kulturelt accepteret som krænkelser, og hvad der faktisk er krænkelser. De handlinger, der er alment accepterede som krænkelser, er meget få, sammenlignet med antallet af reelle krænkelser.

Der findes tre slags krænkelser af børns integritet:

- De ikke-accepterede (f.eks. overdreven fysisk vold, seksuelt misbrug og omsorgssvigt).
- De accepterede (meget af det, vi kalder »god« eller »nødvendig« opdragelse).
- De ideologiske (tvungen politisk eller religiøs ensretning).

Denne bog definerer krænkelser af det enkelte menneskes integritet som uetisk, og det betyder, at vi kan beskrive uoverensstemmelsen på en anden måde:

I samspillet mellem voksne og børn kan det, der er almindeligt anerkendt som god moral, meget vel være dårlig etik!

Jeg nævner ikke dette forhold for at løfte etiske eller moralske pegefingre mod nogen, men for at opfordre voksne til at forholde sig kritisk til det »almindelige«, det »alle gør«, det der er »normalt i vores kultur« etc.

Det er efter min erfaring specielt vigtigt, når børn og unge udvikler signaler, som kan fortælle de ansvarlige voksne, at balancen mellem integritet og samarbejde er blevet så skæv, at det er begyndt at gøre ondt. Som jeg skal vende tilbage til senere, kan både forældre og andre voksne gøre en vigtig forebyggende indsats ved aktivt at hjælpe børn med at lære, hvordan man tager vare på sin egen integritet, men ingen voksne er perfekte og alle børn er forskellige. Derfor laver vi »fejl«. Uskyldigt, kærligt og med de bedste hensigter dummer vi os – og det er i orden! Derfor må voksne tage ansvaret for deres fejltagelser i stedet for, som det er traditionen, at give børnene skylden.

Det faktum, at børn samarbejder, betyder, at vi nu ved to vigtige ting om de børn og unge, vi traditionelt kalder »adfærdsvanskelige« eller »asociale«:

– Når børn opfører sig destruktivt og/eller asocialt, er det altid, fordi én eller flere voksne i deres nærhed også gør det. Ofte på en anden måde end barnet og ikke så sjældent på en måde, der hører til gruppen af accepterede krænkelser.

Det er altid de voksne, der begynder! Somme tider med den bevidste hensigt at give barnet »en lærestreg«, men oftest som resultat af deres egen selvdestruktive adfærd.

– Når børn holder op med eller nægter at samarbejde, er det, enten fordi de har samarbejdet for meget for længe med destruktive fænomener i deres familie, eller fordi de er udsat for direkte krænkelser af deres integritet.

Listen over børns og unges signaler er naturligvis næsten uendelig, men lad mig nævne først nogle klassiske anstødssten mellem børn og forældre og dernæst nogle af dem, der typisk vækker bekymring også uden for familien.

- De vil simpelthen ikke høre efter, hvad vi siger!
- Hun kommer aldrig hjem til den tid, vi har aftalt.
- Han er aldrig sulten, når vi andre spiser, men en halv time efter kan han godt spise.
- Jeg bestiller næsten ikke andet end at rydde op efter dem!
- Det er en evig kamp at få ham til at rydde op på sit værelse.
- Det værste er, at hun også lyver for os!
- Han skal nærmest tvinges til at lave sine lektier hver dag!
- Hvis vi ikke vækkede hende, kom hun aldrig op om morgenen!
- Man skal bede dem om alting. De tager aldrig noget af sig selv!
- Jeg kan næsten ikke få hende i tøjet om morgenen, så trodsig er hun.

Det er blot nogle af de almindeligste samspilskonflikter mellem forældre og børn, som i forældrenes beskrivelse ikke efterlader nogen tvivl om, hvem der er rigtig, og hvem der er forkert. Også pædagoger, psykologer og andre fagfolk har traditionelt støttet denne opfattelse, hvis de da ikke har vendt pegefingeren den anden vej og udpeget forældrene som de forkerte. Lad os se på et par af dem som illustration. Der er, som tidligere fremhævet, så store individuelle forskelle fra familie til familie, at en præcis og specifik oversættelse af børns signaler er umulig, hvis man ikke kender den konkrete familie. Det følgende er derfor udelukkende udtryk for nogle generelle erfaringer.

Når børn »simpelthen ikke vil høre efter, ligemeget hvad vi siger«, skyldes det som regel, at det, forældrene siger, ikke er værd at høre på! Det betyder ikke, at det ikke kan være sandt eller fornuftigt, rimeligt, retfærdigt eller genialt for den sags skyld. Det betyder måske, at måden det siges på, værdigrundlaget bag det, der siges, sammenhængen det siges i eller noget helt fjerde er galt. Det kan f.eks. være, at børnene på et andet område samarbejder så selvdestruktivt med forældrene, at reaktionen kommer på et område, hvor et samarbejde ikke synes at stille særligt store krav.

Det kan også være værdigrundlaget, der trænger til en revision. Der findes stadig masser af forældre, som har den holdning, at børn skal »lære at lystre«, og det medfører stort set altid »ulydighed«, hvad enten den er åbenlys eller fordækt.

Hvorfor nu det?

Fordi det er uværdigt og krænkende at skulle lystre ordrer, når man hellere end gerne vil samarbejde. Det kan de fleste voksne sagtens forestille sig, hvis de tænker på forholdet til deres ægtefælle eller arbejdsgiver. »Han kunne jo bare have spurgt mig helt almindeligt« siger vi, mens vi forsøger at ryste ydmygelsen af os. End ikke i militæret føler vi os veltilpasse ved at skulle adlyde ordre, men der er det til gengæld nødvendigt, fordi meningen er at få uddannet nogle mennesker til at opføre sig destruktivt. Meningen med en familie er det modsatte.

»Han er aldrig sulten, når vi andre spiser, men en halv time efter ...« Denne situation behøver ikke engang at være et signal. Det kan bare betyde, at sønnens biologiske ur tikker anderledes end resten af familiens. Men det kan være et signal, som f.eks. betyder: »Jeg mister appetitten, når jeg sidder til bords med min familie. Der er noget i stemningen, som er uforløst eller destruktivt, men ligesom de andre mangler jeg ord for det.«

Det fælles daglige måltid – i de lande hvor man stadig har et sådant – er ofte det eneste tidspunkt på dagen, hvor alle er samlet, og hvor den øjeblikkelige stemning viser sig, eller de ubearbejdede konflikter minder om deres eksistens. Mange af os har glemt, hvordan det var i vores egen oprindelige familie, men man behøver bare at genkalde sig, hvordan det var sidste gang, man spiste middag hos venner eller bekendte, som havde en skjult konflikt kørende under middagskonversationen.

En ting er helt sikker: Børn gør ikke sådan for at gøre livet besværligt for deres forældre. Det er noget, de gør for deres familie, ikke imod den.

I kapitlet om ansvarlighed vil en række af de øvrige signaler blive grundigt gennemgået, så på dette sted kan vi gå over til at se på en lidt anden type.

- Psykosomatiske symptomer som f.eks. hovedpine, mavepine, ondt i ryggen, muskelspændinger i skuldre og nakke, store vægttab eller stor vægtforøgelse m.fl.
- Destruktiv adfærd uden for hjemmet: adfærdsproblemer »dårlig opførsel« i skolen; aggressiv over for andre børn i børnehaven; hyperaktivitet; koncentrationsbesvær; mobber eller bliver mobbet; pjækker fra skolen; kriminalitet; misbrug af alkohol, narkotika, lightergas, medicin, kemikalier o.l.;
- Selvmordsforsøg, tavshed og isolation, vold.

Igen minder jeg om, at der ikke findes en facitliste. Der findes kun generelle principper og retningslinier, som ofte kan hjælpe os til at se i den rigtige retning. F.eks.:

Når vi kalder nogle signaler og symptomer »psykosomatiske«, er det traditionelt, fordi signalet viser sig som noget fysisk (= somatisk), men formodes at have en overvejende psykologisk baggrund. Denne måde at definere tingene på skyldes vel mere end noget andet lægevidenskabens oprindelige fokusering på kroppen alene og dens noget langsommelige anerkendelse af mennesket som en helhed bestående af krop, sjæl og ånd – tre elementer, som konstant påvirker hinanden på måder og af grunde, som vi ved meget lidt om.

Når jeg nævner det i denne sammenhæng, skyldes det, at denne udvikling har været med til at påvirke mange menneskers holdning til psykosomatiske signaler og symptomer negativt. Det opleves tilsyneladende som mere ansvarsfrit at få en klar somatisk diagnose end en psykosomatisk. Den psykosomatiske medfører en bred vifte af reaktioner lige fra flovhed til angsten for at være »sindssyg«. Det gælder ofte også forældres reaktion, når deres børns signaler bliver forklaret som psykosomatiske. Det opleves næsten som en anklage, og det er en skam, fordi det blokerer forældrenes muligheder for at forsøge at forstå, hvad der rører sig i barnets liv.

Uanset hvor meget vi anstrenger os for at tage os godt af vores børn, er livet ikke altid nemt – heller ikke for børn. Vi kan elske vores børn og lære dem at møde livet, så godt vi formår, men vi kan ikke beskytte dem mod tilværelsen. Smerte er en naturlig del af ethvert menneskeliv fra undfangelse til død og det gælder også den smerte, der følger af uløste konflikter mellem integritet og samarbejde.

Og det er præcis, hvad psykosomatiske symptomer betyder: »Mit liv gør ondt for tiden og jeg har endnu ikke fundet en konstruktiv måde at tackle det på. Jeg ved i øjeblikket ikke, hvordan jeg skal tale med nogen om det, for jeg kender ikke de ord, der hører til smerten. Jeg er kørt fast i en konflikt, som jeg ikke kan løse.«

Vi ved efterhånden noget om, at både overvægt og undervægt handler om, at den psykologiske næring, børn får i deres familie, ikke er den rigtige for dem. Vi ved godt, at muskelspændinger og hovedpine ofte skyldes, at barnet bærer på for meget ansvar alene, ligesom vi godt ved, at mavepine for det meste handler om angst eller andre fastlåste følelsesmæssige konflikter. Men på en måde ville det somme tider være bedre, hvis vi ikke vidste det. Somme tider forhindrer vores viden os i at være åbne nok, i at »se«, at måske netop dette barn er anderledes. Møjsommeligt indhøstede erfaringer har det med at blive til fordomme.

Dermed har jeg også sagt, hvad der efter min erfaring er det bedste, forældre kan gøre, når deres barn får et psykosomatisk symptom: Se og lær! Prøv at se barnets liv med barnets øjne og benyt lejligheden til at lære barnet at kende på en ny måde. Det er vigtigere end at finde »årsagen«. Efterhånden vil man lære netop dette barns måde at reagere psykosomatisk på i de perioder af dets liv, hvor tilværelsen bliver kompliceret. Nogle børn får mellemørebetændelse som spædbørn og får måske i mange år derefter ondt i ørerne, når de er under stress. Nogle får diarré eller forstoppelse. Nogle bliver forkølede og snottede og andre får ondt i halsen. Nogle sover hele tiden og andre bliver fysisk hyperaktive. Nogle spiser meget, andre mister appetitten. Nogle får hovedpine, andre får mavepine.

Det hjælper ikke noget at udfritte barnet. Hvis det vidste, hvad der var i vejen og havde de rigtige ord til at tale om det, ville signalet være overflødigt. Sådan er det generelt. Men der er også børn, der udvikler psykosomatiske symptomer og signaler, fordi de ikke oplever, at det er muligt at tale med deres forældre om det, der piner dem. Måske fordi psykosomatisk smerte simpelthen er den måde, man i familien »taler« om smerte og udløser omsorg på. Måske fordi forældrene har så mange indbyrdes vanskeligheder, som konstant verbaliseres i skænderier, at barnet ikke vil »forstyrre« med sine problemer. Måske fordi forældrene bare ikke lytter, når børn forsøger at udtrykke sig. Og sådan kunne jeg blive ved et par sider endnu, hvis ikke det vigtigste var at illustrere, at pykosomatiske signaler og symptomer simpelthen er kodede signaler, som det er op til de voksne omkring barnet at tage alvorligt og sammen med barnet forsøge at omsætte til direkte, klar tale.

Når børn bliver destruktive, er det fordi én eller flere

voksne omkring dem krænker deres integritet – verbalt eller fysisk eller begge dele. På en eller anden måde sker der det, at de i samværet med deres forældre (eller andre voksne som har det daglige ansvar for dem) mister mere og mere selvfølelse på et tidspunkt i deres liv, hvor de har hårdt brug for det modsatte.

Det samme er tilfældet, når børn og unge bliver selvdestruktive, hvad enten det kommer til udtryk som en langsom selvmordsproces – misbrug f.eks. – eller som et akut selvmordsforsøg. Som tidligere nævnt er destruktiv og selvdestruktiv adfærd blot to forskellige måder at samarbejde på, og ikke så sjældent med det, jeg ovenfor beskrev som »accepterede krænkelser«. Specielt det sidste er vigtigt at minde sig selv om, når man står over for et barn eller en ung i denne situation, fordi det betyder, at han eller hun også selv meget ofte med sin bevidsthed har accepteret de krænkelser, livet i familien byder på. Børn samarbejder! Det er de voksnes opgave at opklare, hvad de samarbejder med.

Eksempel:

En 9-årig dreng kom en morgen i skole med en voldsom hævelse i hele den ene side af ansigtet. Han var tydeligvis blevet slået meget hårdt. Hans mor blev tilkaldt og vedgik, at hun havde slået ham og forklarede det med, at han havde slået sin lillesøster på 3 år. »Sådan noget skal han ikke gøre,« sagde hun. »Det er forkert at slå de små!«

Moderen var alene med 3 børn det meste af tiden, idet manden havde arbejde på en olieboreplatform og var væk i lange perioder. Hun havde svært ved at overskue sin rolle som de fakto enlig mor, og satte derfor ofte den ældste til at passe de små. I flere år, havde hun i magtesløshed slået ham, når han efter hendes mening ikke opførte sig ordentligt og nu, hvor han var blevet placeret i rollen som en slags reservefar for sine små søskende, ja så kopierede han sin mors måde at være »voksen« på.

Det er nemt nok at kritisere denne mor for selv at gøre noget, som hun fortæller sin søn er forkert, men pointen er, at hendes moralbegreber var anderledes. Ifølge dem må børn ikke slå på mindre børn, men voksne må godt slå børn, hvis det tjener et godt formål. Hun er blot en af de mange voksne, som har lært – også på sin krop – at børn ikke er rigtige mennesker fra fødslen, men at de om nødvendigt kan tæves til at blive det.

I dette eksempel var det enkelt og ukompliceret at finde ud af sammenhængen, men i de fleste situationer kræver det mere tålmodighed.

Eksempel:

Peter på 3½ år var blevet et problem for pædagogerne og de andre børn i børnehaven: Han var begyndt at bide sine legekammerater, når han blev frustreret eller ikke fik sin vilje.

Peters forældre var både interesserede og villige deltagere i de følgende 3 samtaler med en familierådgiver. De lagde fra begyndelsen kortene åbent på bordet og fortalte bl.a., at de begge ved et par lejligheder havde givet Peter en endefuld, når de ikke vidste, hvad de ellers skulle gøre. Men dels var det længe siden, og dels var deres omgang med Peter i al almindelighed rar og fredsommelig, så også familierådgiveren tvivlede på, at en 2-3 endefulde kunne være årsag til det aktuelle problem.

Peter var med i de 3 samtaler og i løbet af den måned, de forløb over, blev hans omgang med de andre børn mindre destruktiv, selv om han stadig bed dem af og til. Samtalerne endte i øvrigt resultatløse i den forstand, at ingen af de voksne kunne forestille sig nogen konkret årsag til Peters bideri.

Efter et par måneder begyndte Peter igen at bide i et omfang, som foruroligede de voksne, og en ny samtale blev aftalt. Denne gang befandt Peter sig helt åbenlyst dårligt ved situationen. Næsten fra begyndelsen var han »vanskelig« – spurgte hvornår de skulle hjem igen; ville gerne tegne, men ikke med »de dumme farver«; ville gerne sidde på skødet, men kun hvis den voksne samtidig lovede ikke at sige noget osv.

Faderen tog lederskabet i forsøget på at få Peter til at samarbejde med situationen. Det gjorde han i hver enkelt episode stilfærdigt og fleksibelt i begyndelsen, men pludselig hævede han hver gang stemmen med et: »Nu er det nok!«, »Så færdig med dig!«, »Nu hører du efter Peter!« o.l. Familierådgiveren gjorde ham opmærksom på fænomenet og faderen svarede helt spontant og med et skyldbevidst udtryk i ansigtet: »Ja, det er vist rigtigt nok. Lise (min kone) siger godt nok, at jeg altid bider af ham!«

I samme sekund grinede alle – inkl. Peter – og Peters frustrerede adfærd i børnehaven var opklaret. Faderen forklarede, at hans egen opvækst havde været præget af »kontant afregning«, men at han via sin kone havde fået et andet syn på børneopdragelse. Men han var, som han selv udtrykte det »nybegynder« og når han blev frustreret, greb han til samme metode, som hans egen far havde brugt. Den medarbejder i børnehaven, som kendte Peter bedst, kunne supplere med den oplysning, at det var præcis, hvad der skete for Peter. Hvis han ville have et stykke legetøj, en bestemt plads ved bordet eller lignende, forsøgte han sig med en kort verbal forhandling og hvis den mislykkedes, så bed han. På spørgsmålet om, hvorfor hun ikke havde sagt noget om sin mands adfærd under de første samtaler, svarede Peters mor: »Fordi det er meget mindre end i begyndelsen, og jeg syntes ikke, jeg ville kritisere ham, når han allerede har ændret sig så meget.«

Peters mor foreslog, at hendes mand måske i stedet for at »bide« ad Peter, kunne sige: »Nu ved jeg ikke, hvad jeg skal sige. Jeg skal lige have en tænkepause.« De næste uger viste, at det var en god måde for faderen at tackle sit problem på. Dels fandt han som regel på nogle gode udveje, når han havde haft sin tænkepause og dels havde det smittet af på Peters måde at tackle sine frustrationer på. Han bed ikke de andre mere, men satte sig surmulende hen i en krog, indtil han fandt på noget andet at lave. Efterhånden som faderens forhandlingskompetence vokser, vil også Peters vokse.

Ofte, når jeg møder familier som Peters, skræmmer det mig at tænke på, i hvor mange år voksne har været enige om at sige om børn som Peter, at de har »sociale problemer«, »problemer med at omgås andre børn« o.l. Ikke fordi det er en forkert beskrivelse, men fordi den er så overfladisk. Den sociale omgang med andre børn var ikke Peters problem, den var det røgsignal, han sendte op for at gøre opmærksom på sin smerte. I generationer har vi reageret på den slags signaler med at belære børn og unge om, hvordan »man opfører sig« med det resultat, at de mest samarbejdsduelige af dem har bidt smerten i sig og gemt den et sted, hvor den har forvrænget deres eksistens og givet dem et falsk selvbillede. De mindre samarbejdsduelige har trodset vores belæring og pædagogik og har eskaleret deres »asociale« adfærd, indtil den var det eneste, deres omgivelser kunne se.

Et signal som Peters er ikke bare asocialt – det er i ordets mest substantielle betydning netop socialt. Hvad kan vel være mere socialt end at meddele sine omgivelser, at samværet med dem gør ondt og derfor må justeres, så alle kan trives? Det har – ironisk nok – også altid været en central del af de voksnes belæring: »Vi skal jo alle sammen kunne være her! Det kan du nok forstå, ikke Peter?«

Det samme har vi logisk nok gjort med børns signaler, når de ikke som i Peters tilfælde har vakt vores uro og vrede, men vores sympati og medfølelse. Det gælder f.eks. stærkt overvægtige børn. Vi lider med dem, når vi oplever, hvordan deres sociale kontakter til andre børn ofte er præget af drilleri og ydmygelse, og vi iværksætter fysiske træningsprogrammer, diæter og madlavningskurser, for at de kan tabe sig og undgå drillerierne. Det er sympatisk, men overfladisk tænkt, og hvad værre er: Det hjælper kun de færreste til på langt sigt at opnå og bevare, hvad vi anser for at være en normal vægt. For de børn og unge, som ikke magter at tabe sig, føjer vores pædagogiske anstrengelser blot spot til skade. Ligesom de jævnaldrendes drillerier og ydmygelser fortæller de barnet, at det er forkert.

Jeg mindes ikke nogen, der har sagt det tydeligere, end en 13-årig pige, hvis forældre havde henvendt sig, fordi de var bekymrede over hendes vægt, som var steget dramatisk i løbet af et års tid. Da forældrene i nogle minutter havde gjort rede for deres bekymring, rejste pigen sig fra stolen, slog ud med armene og råbte med tårerne løbende ned af kinderne: »For Helvede ... Det eneste, I ser, er s'gu mit flæsk!«

Jeg indrømmer gerne, at denne pige var en undtagelse, fordi hun havde ord for sit eksistentielle dilemma. Det mangler de fleste børn, og de er derfor nemme at motivere med sociale argumenter.

Den sociale tilpasning var i fuld overensstemmelse med det gamle værdigrundlag for børneopdragelse og både i de gamle feudalsamfund og i de nyere diktaturer, var det ofte en betingelse for individets fysiske overlevelse, at han gav afkald på sin integritet og samarbejdede med magthaverne. På denne måde var børneopdragelsen i familien en nødvendig forsmag på, hvad der ventede forude som voksen samfundsborger. Sådan er det ikke mere – og der, hvor det er, er de fleste af os enige om, at samfundet ikke er menneskeværdigt.

Men selv om de samfundsmæssige realiteter i høj grad har ændret sig op igennem dette århundrede, er grundantagelsen i forhold til børneopdragelse fortsat den samme, selv om den nu i de mest humane samfund nærmest har mytologisk karakter. Denne myte siger, at der er et uoverstigeligt modsætningsforhold mellem individets behov for at bevare og udvikle sin integritet og fællesskabets/samfundets behov for organisation og udvikling.

Det er min erfaring fra arbejdet med familier, grupper og fællesskaber af mange forskellige typer, at denne grundantagelse ikke længere er sand. Meget tyder på, at det nu hænger modsat sammen: Omsorgen for barnets/individets integritet er en betingelse for, at fællesskaberne kan udvikle sig sundt. Der findes ikke en kollektiv trivsel, hvis den ikke baserer sig på individuel trivsel. Der findes kun kollektiv resignation (i diktaturet) eller social- og sundhedsudgifter af en størrelsesorden, som på det materielle plan truer de demokratiske samfunds udvikling. (For en sikkerheds skyld må jeg understrege, at dette er en faglig konklusion, som bygger på iagttagelser og erfaringer af eksistentiel og psykologisk karakter og som ikke bør forveksles med politisk liberalisme, der primært baserer sig på materielle værdier).

Vores nye viden om børns (og dermed menneskets) psykiske udvikling sætter os i stand til at formulere nogle nye værdier for samspillet mellem børn og voksne – primært i familien, men også i andre sammenhænge, hvor børn og voksne indgår i målrettede fællesskaber (skoler, daginstitutioner, plejefamilier, behandlingsinstitutioner m.fl.)

Et af disse nye paradigmer er, *at børns adfærd, hvad enten den er harmonisk eller disharmonisk, er lige så vigtig for forældrenes menneskelige udvikling og sundhed, som forældrenes adfærd er for børnenes. Samspillet mellem voksne og børn er en gensidig læreproces, hvor graden af ligeværdighed er ligefrem proportional med begge parters udbytte.*

3 SELVFØLELSE OG SELVTILLID

Begreberne *selvfølelse, selvværd, selvtillid* m.fl. bruges ofte i flæng, som om de betød det samme. Det gør de ikke. Når jeg i det følgende skelner mellem selv*følelse* og selv*tillid*, er det ikke, fordi jeg nødvendigvis synes, at de to begreber er de rigtigste at bruge, men for at markere, hvor vigtigt det efter min erfaring er at være bevidst om forskellen imellem dem.

Især inden for de seneste 25 år har både forældre og pædagoger været meget opmærksomme på børns selvværd og gør hver dag en stor indsats for at styrke det. Det gælder naturligvis i særlig grad i de sammenhænge, hvor behandlere, plejefamilier, lærere og forældre forsøger at hjælpe børn og unge med såkaldt psykiske og sociale problemer.

Problemet med denne indsats er ofte, at man meget målbevidst søger at styrke børnenes selv*tillid* i tilfælde, hvor deres manglende eller lave selv*følelse* er det reelle problem. Ofte går det sådan, at indsatsen mislykkes med det resultat, at barnet står tilbage med endnu lavere selvfølelse, eller at den lykkes på kort sigt. Konsekvensen af den kortsigtede succes er, at barnet senere bliver konfronteret med sin lave selvfølelse under dramatiske og ofte selvdestruktive omstændigheder. Det samme gælder, omend i mindre omfang, megen pykologisk, terapeutisk og miljøterapeutisk behandling af unge og voksne, ligesom det spiller en rolle i kærlighedsforhold og venskaber.

3.1 Definitioner

Selv*følelse* er vores viden om og oplevelse af, hvem vi er. Selvfølelse handler om, hvor godt vi kender os selv og hvordan vi forholder os til det, vi ved. Selvfølelse kan billedligt beskrives som en slags indre søjle, center eller kerne.

selvfølelse 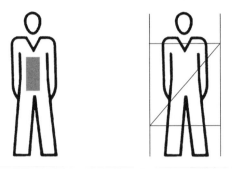 selvtillid

Vi kender den sunde, veludviklede selvfølelse på fornemmelsen af at hvile i sig selv, at være tilpas med sig selv. Den lave selvfølelse kendes som en konstant følelse af usikkerhed, selvkritik og skyldfølelse.

Selvfølelsens fundament kan måske bedst beskrives kort ved at referere til den oplevelse, de fleste nybagte forældre har haft, når de for første gang betragter deres sovende spædbarn: Følelsen af at dette nye menneske er vidunderligt og værdifuldt, bare fordi det er! De fleste forældre bevarer denne oplevelse forrest i deres bevidsthed i nogle uger, før de begynder at rette på skaberværket, og de møder den ofte først igen hånd i hånd med angsten for at miste.

Beskrevet indefra siger den sunde selvfølelse: »Jeg er i orden og har værdi, bare fordi jeg er!«

Selv*følelse* er, hvad enten den er høj eller lav, en eksistentiel kvalitet. Den er grundtonen i vores psykologiske eksistens, og den kan udvikles både kvantitativt og kvalitativt hele livet.

Selv*tillid* handler om det, vi kan. Det vi er gode og dygtige eller dumme og dårlige til – det, vi kan præstere.

85

Selvtillid er, som illustrationen viser, en mere udvendig, tillært kvalitet, men ikke udvendig i betydningen overfladisk.

Sammenhæng og udtryk

Selvfølelse og selvtillid er af helt forskellig natur. De kan ikke umidddelbart sammenlignes og kan ikke træde i hinandens sted, men på én måde hænger de sammen: Hvis man har en sund selvfølelse, er selvtillid sjældent noget problem. (Det modsatte er ikke tilfældet)!

Hvis et barn eller en voksen med en sund og veludviklet selvfølelse f.eks. sætter sig for at lære at spille klaver, vil hun reagere nøgternt, når hun opdager, at hendes musikalitet ikke slår til. Hun vil måske blive trist over at skulle tage afsked med en drøm eller en ambition, men hendes ord vil være nøgterne: »Det var ikke lige mig« eller ligefrem saglige: »Jeg er ikke musikalsk nok til at lære det«.

Hvis hun har lav selvfølelse, bliver udtrykket mere dramatisk: »Jeg dur da heller ikke til noget!« Det er ikke kun hendes musikalitet, der er begrænset. Hun oplever hele sig selv som en fiasko. Der er en verden til forskel på at vide om sig selv, at der er noget, man ikke er god til og på at føle sig dum, mislykket eller forkert. Der er bl.a. den meget vigtige forskel, at det er meget svært at lære noget, når man føler sig dum.

Det betyder ikke, at der er noget forkert i at styrke sin selvtillid, hvis man er et menneske med lav selvfølelse. Der er heller ikke noget i vejen med, at forældre og andre voksne arbejder med børns og unges selvtillid, selv om de også har lav selvfølelse. Bare man ved, hvad man gør og ikke bilder sig selv eller andre ind, at mennesker får det bedre med sig selv, fordi de bliver dygtige. Det er fint at træne, udvikle, rose, kritisere, opmuntre og støtte menneskers præstationsevne, hvis man samtidig drager omsorg for deres væren.

Eksempel:

John er 38 år gammel, tidligere national mester i en populær sportsgren og alkoholiker. Han er nu under behandling for sit misbrug, men er kommet i konflikt med sine behandlere. De har foreslået, at han som et led i sin resocialisering og for at genopbygge sin selvtillid begynder at træne byens unge i sin gamle sportsgren. Han kan ikke formulere sin modvilje bedre end: »Nej, det har jeg ikke lyst til. Jeg er færdig med den sport.«

Hans behandlere fortolker dette som endnu et tegn på manglende selvtillid og forstærker deres forsøg på at motivere ham. Med hjælp fra en tredieperson lykkes det John at udtrykke sig tydeligere. Han siger: »Én af grundene til, jeg begyndte at drikke, var, at jeg fik en stor skuffelse, da jeg holdt op med at være aktiv sportsmand. Jeg opdagede, at alle dem, jeg havde regnet for mine venner, bare var rygklappere.« Omskrevet til de to begreber i dette kapitel, siger han: »Da jeg holdt op med at være aktiv sportsmand, opdagede jeg, at folk kun var sammen med mig, fordi jeg kunne det, jeg kunne. Ikke fordi jeg er den, jeg er.«

Johns historie er ikke atypisk. Både hans forældre og lærere havde set, at drengen manglede selvtillid, og de fik ham motiveret til at dyrke sport. Det viste sig hurtigt, at han havde et særligt talent, som specielt hans forældre gjorde alt for at bakke op og udvikle. De mødte op til træning, engagerede sig i klubben og tilbragte de fleste weekends på tilskuerpladserne. De glædede sig over ham og med ham, da han begyndte at komme i medierne og var lykkelige på hans vegne, da han fik en professionel kontrakt i udlandet.

John kom i konflikt med sine behandlere, fordi de overså det samme, som hans forældre, lærere og trænere havde overset: hans lave selvfølelse. Som de fleste andre børn (og voksne) kunne John kun udtrykke sin lave selvfølelse som usikkerhed i forhold til handlinger. Som barn havde han ofte sagt ting som: »Det kan jeg ikke«, »Det duer jeg ikke til«, »Det kan jeg ikke finde ud af«, »Det er for svært«. Han kunne ikke sige: »Hør her, jeg synes ikke, jeg er noget værd!«

Som sportsmand var John en ener, men som menneske har han mange lidelsesfæller: Børn og unge som i tillid til de voksnes visdom tror på, at de først er noget, hvis de kan præstere noget.

Lav selvfølelse manifesterer sig på mangfoldige måder: som præstationsangst, praleri, livsangst, selvudslettelse, grænseløshed, kuethed, opblæsthed, skyldfølelse, som stof-, medicin- og alkoholmisbrug, vold, spiseforstyrrelser etc. Listen over fremtrædelsesformer er længere endnu og nogle af dem vil blive behandlet senere i bogen.

Manglende selvtillid, som ikke hænger sammen med lav selvfølelse, anser jeg ikke for at være noget specielt problem. Eller for at sige det på en anden måde: Manglende eller lav selvtillid er ikke et psykologisk problem, men et praktisk-pædagogisk problem, som kan løses ved at få saglig feedback.

Fra en træner, hvis man er sportsmenneske; fra en forlægger, hvis man er digter; fra en kollega, hvis man er pædagog; fra en lærer, hvis man er elev – osv. Selvtilliden vokser i takt med præstationens kvalitet.

3.2 Se mig, mor!

Vores selvfølelse udvikler sig i kraft af to hovednæringsstoffer: Når mindst én af de betydningsfulde personer i vores liv »ser« og anerkender os, som vi er, og når vi oplever, at vi er værdifulde for andre mennesker, sådan som vi er. Når disse to grundelementer tilføres et personligt sprog, har vi de maksimale forudsætninger for at få et frugtbart liv, alene og sammen med andre.

Hvorfor jeg ikke nævner kærlighed? Af to grunde. For det første er det, som tidligere nævnt, min erfaring, at alle forældre som udgangspunkt nærer kærlighed til deres børn. Der er store forskelle på forældres evne til at opleve og udtrykke deres kærlighed – afhængig af deres egen familiebaggrund, men uanset hvor spinkelt eller forvrænget den udtrykkes, er det min erfaring, at den altid er der som et kraftfuldt potentiale. I forlængelse heraf må man nok sige, at det er kærlighedens udtryk, der er afgørende for udviklingen af barnets selvfølelse. Det hjælper ikke så meget, at forældrenes hjerter svulmer af kærlighed, hvis deres handlinger er ukærlige – ikke i deres intention, men i barnets oplevelse af dem.

Små børn ved, at de har brug for at blive set. Når Kathrine på 1½ år er med sin mor på legepladsen og tager sin første tur ned af rutschebanen, ser hun hen på sin mor og råber: »Se mig, mor!« De fleste forældre ser mere end velvilligt tilbage og giver barnet noget helt andet end det, det beder om. Nogle forældre roser deres børn: »Nejjj, hvor er du dygtig! Hvor er det flot!«

Det er kærligt ment, men uheldigt. Det er uheldigt, fordi det blander væren og præstation sammen. Når voksne taler sammen på den måde, siger vi, at de »taler forbi hinanden«. Hvis jeg har inviteret min gode ven på middag og under kaffen siger til ham: »Hvor er det dejligt at være sammen med dig igen!« og han svarer: »Ja, du er vel nok blevet dygtig til at lave mad,« så har vi ikke nået hinanden. Det samme oplever børn.

Kathrine har aldrig tænkt på, at man kunne være dygtig eller dum til at kure ned af en rutschebane. Hun er midt i sin oplevelse, og når hun siger: »Se mig!«, beder hun om at få sin oplevelse og sin eksistens bekræftet. Hverken mere eller mindre.

Alt, hvad hendes mor behøver at gøre, er at svare med en

kort øjenkontakt, en vinkende arm og et »Hej, Kathrine!«
Med dette har hun været vidne til sin datters oplevelse. Hvis
hun gerne vil give sin datter mere end det, må hun studere
hende lidt nærmere.

Afspejler hendes ansigt ren fryd, kan hun sige: »Hej,
Kathrine. Det ser vel nok sjovt ud!« Hvis ansigtet udtryk-
ker fryd blandet med skræk, kan hun sige: »Hej, Kathrine.
Det ser vel nok sjovt ud ... men også lidt farligt, hva'?«
Kathrine har nu fået to vigtige ting: Hun er blevet »set« og
har fået et sprogligt udtryk for sin indre oplevelse; et per-
sonligt sprog.

Andre forældre udtrykker deres kærlighed anderledes,
mere selvoptaget, og siger: »Pas nu på, du ikke falder og slår
dig!« Det bidrager ikke til barnets selvfølelse. Tværtimod
fjerner det hendes opmærksomhed fra sin egen oplevelse
og sætter moderens følelser i centrum. Hvis moderen er ge-
nerelt bekymret, vil hendes datter med stor sikkerhed sam-
arbejde ved enten at blive tilbageholdende og ængstelig (ret-
vendt samarbejde) eller blive motorisk klodset og leve op
til moderens negative forventninger ved at komme galt
afsted hele tiden (spejlvendt samarbejde). Situationen inde-
holder ingen af de elementer, som børns selvfølelse vokser
af. Bekymring er noget af det værste selvfølelse ved, fordi
bekymringen hele tiden siger: »Jeg regner ikke med, at du
kan klare dig.«

Børn har også brug for at blive »set«, før de kan bede om
det. Spædbørn, som kun kan udtrykke sig ved hjælp af lyde
og de store muskler, er afhængige af, at vi lærer at se bag om
deres udtryk. Hvornår betyder gråden, at barnet er frustre-
ret, ulykkeligt, sultent, koldt, varmt, sygt osv. Allerede der
er det sproglige vigtigt; at man ser barnet i øjnene og siger:
»Aha, så du fryser lille ven« eller, »Nåh, du var bare sulten.«

Hvis vi et øjeblik vender tilbage til Sarah og hendes mor
(s. 68), så kunne moderen have konstateret, at Sarah ikke

ville spise mere og derefter have sagt til hende: »Aha, så du er ikke mere sulten.« Hvorfor er det nu så vigtigt at give børn et personligt sprog, som de kan forstå og udtrykke deres følelser og oplevelser igennem?

Overordnet sagt er det vigtigt, fordi alle konflikter mellem mennesker, der betyder noget for hinanden, kun kan bearbejdes og løses ved hjælp af det personlige sprog. Hvis vi ikke kan udtrykke os personligt, bliver vi i vildrede med, hvem vi selv er, og det bliver svært for andre at vide, hvor de har os.

Sagt lidt mere dagligdags betyder det forskellen på Sarahs reaktion, når hun som 4-årig bliver opfordret til at spise sin aftensmad. Hvis hun har fået et personligt sprog, kan hun sige: »Nej tak, jeg er ikke mere sulten.« Hvis hun kun har oplevet pres og manipulation, bliver hendes reaktion mere uartikuleret: Hun skubber tallerkenen fra sig med et: »Jeg gider ikke!« eller, »Jeg ka' ikke li' det!« – for nu at nævne et par af de mere diplomatiske versioner. Hun har kun lært enten at identificere sig med sin mors følelser og behov eller at tage afstand fra dem, og i mellemtiden har hun både mistet kontakten med sine egne og evnen til at udtrykke dem. Udover, at det naturligvis vil skabe flere og flere konflikter mellem Sarah og hendes mor, efterhånden som hun vokser op, vil det med stor sikkerhed skabe problemer i hendes sociale relationer til kammerater, til de mænd, hun forelsker sig i, og i forholdet til de børn, hun eventuelt selv får. Lyder det voldsomt? Det er det også! Det er et af de alvorlige problemer ved at vokse op i de familier, som hylder de ydre værdier. I de familier er det personlige sprog forbudt og bliver så hurtigt som muligt udskiftet med det »pæne« sociale sprog, som er komplet uegnet til at bearbejde både personlige og mellemmenneskelige problemstillinger med.

Eksempel:

Marko går i 6. klasse, og de sidste par uger er det gået tilbage med hans gode humør og lysten til at lave lektier. Hans forældre har nu to muligheder. De kan, som traditionen byder, forsøge at »opdrage« på ham, eller de kan forsøge at »se« ham.

Hvis de vælger det første kan det enten lyde sådan:

– Marko, hvorfor skal vi hele tiden minde dig om dine lektier. Du ved godt, de skal ordnes! Man får ikke gode karakterer, hvis man ikke laver sine lektier.

Det er den gode gammeldags facon, hvor drengens menneskelighed ignoreres totalt.

Eller sådan:

– Hvad er der i vejen Marko? Du plejer da nok at kunne passe dine ting, uden at vi hele tiden skal være efter dig. Er der nogen problemer i skolen? Er der nogen af de andre, der driller dig? Marko, se på mig! Er der noget i vejen?

Denne udgave udtrykker en slags interesse i drengen, men afføder som regel kun svar som: »Ikke noget«, »Nej, det er bare de dumme lektier« eller lignende. Det er der to grunde til. For det første er det svært for en 11-årig at udtrykke sit indre, når han samtidig skal tage stilling til en serie konkrete spørgsmål. For det andet når forældrenes ordvalg i et barns bevidsthed siger: »Du er et problem for os. Vi synes bedre om dig, når du er glad.« For Markos selvfølelse betyder det et tab: I stedet for at blive klogere på sig selv og sit liv, vil han opleve sine følelser som forkerte, og han vil ikke få lejlighed til at udtrykke dem i et personligt sprog, som både kunne forløse hans stemning og gøre hans forældre klogere på deres søn.

Hvis forældrene vil »se« deres søn, behøver de kun at sige, hvad de faktisk ser og tilbyde deres opmærksomhed: »Jeg kan se, at du ikke trives med dit skolearbejde for tiden, Marko. Har du tænkt over, hvordan det kan være ...? Måske vil svaret stadig være et: »Næh«, som så kan følges op med et: »Jeg vil gerne høre om det, hvis du finder ud af noget ... Har du brug for hjælp til lektierne?« Problemet blev hverken defineret eller løst, men det er heller ikke vigtigt på dette tidspunkt. Det vigtigste er, at Marko oplever at blive set og at hans opmærksomhed får et skub i den rigtige retning: indad i ham selv. Måske finder han sine ord senere på dagen, måske flere dage senere. Pauser er vigtige – livsvigtige!

Eksempel:
Sophie på 5 år har fået en stor pose slik af familiens weekendgæster. Med alle tegn på fryd går hun rundt i lejligheden og propper sig med den ene lækkerbisken efter den anden. Hendes forældre står nu over for samme valg som Markos: Skal hun »ses« eller opdrages?

Skal de bare se kærligt på hende og sige: »Du ka' godt li' at spise *meeeget* slik på én gang, hva' Sophie!«, eller skal det være:

– »Sophie!! Nu kan du tage et stykke mere og så giver du mig posen, så du også har noget i morgen!«

Eller den mere pædagogiske udgave:

– »Sophie ... synes du ikke, du skulle gemme noget til i morgen, skat?«

Tro mig – det er ikke bare overflødigt, det ødelægger desuden Sophies sanselige velbefindende og hendes oplevelse af at være en del af fællesskabet. Hun skal nok lære at spise slik i passende doser, også uden aktiv belæring og opdragelse. Den opdragende indsats udretter kun én ting: Den får i heldigste fald forældrene til at føle sig nyttige og sikrer eventuelt deres renommé som ansvarlige opdragere i gæsternes øjne.

De foregående eksempler er enkle i den forstand, at de voksne kun behøver at »se«, hvad de faktisk ser. Det bliver sværere, når vores egen historie, vores fordomme, ideologier og selvoptagethed kommer ind som et filter mellem nethinden og stemmebåndene. Når vores holdninger og ideer blokerer for vores kærlighed og åbenhed. Det sker specielt, når børns og unges adfærd er forvrænget af frustration og smerte. Når de har mest brug for at blive set, som de er, og bliver dybest såret over at blive bedømt.

3.3 Anerkendelse og vurdering

Tilbage i 1930'erne begyndte pædagoger og psykologer at interessere sig for børn, der manglede selv*tillid* og kom til den konklusion, at børnenes manglende selvtillid skyldtes, at deres forældre konstant korrigerede og kritiserede dem.

Med vores nuværende viden kan vi se, at diagnosen var delvis forkert og konklusionen ufuldstændig. Det er rigtigt, at de undersøgte børn manglede selvtillid, men deres reelle problem var, at de havde lav selv*følelse*. Det er også rigtigt, at kritik er ødelæggende både for børns selvfølelse og selvtillid, men når vi taler om selvfølelse, er ros lige så destruktivt som kritik.

Jeg minder om, at målet med børneopdragelse dengang først og fremmest var at få børnene til at lystre, tilpasse sig og opføre sig pænt. Man var dårligt nok begyndt at tale om selvfølelse i det hele taget, og når man var bekymret for børnenes manglende selvtillid, var det primært, fordi den gjorde det svært for dem at lære noget i skolen.

Som tidligere nævnt (s. 87) er ros og kritik relevant for udviklingen af både børns og voksnes selvtillid under visse omstændigheder, men det er en misforståelse, når mange voksne har lært at tro, at det også er gavnligt for udviklingen af en sund selvfølelse.

Det betyder ikke, at det nu pludselig skal være forbudt at rose sine børn – og dermed drage omsorg for deres selvtillid på forskellige områder. Det betyder kun, at vi skal lære, hvordan vi som udgangspunkt tilfører den nødvendige næring til deres selvfølelse, og et af nøgleordene i den forbindelse er: anerkendelse.

Eksempel:

Lars på 3½ år sidder ved køkkenbordet og venter på sin mor, som endnu ikke er kommet hjem fra arbejde. Hans far foreslår, at han giver sig til at tegne, for at få tiden til at gå. En times tid og 6 tegninger senere kommer moderen hjem og Lars løber ud i entreen og giver hende sin sidste tegning med ordene: »Se mor, den er til dig!«

Hans mor tager tegningen, ser på den og siger: »Den er vel nok flot Lars. Hvor er du blevet dygtig til at tegne!«

Akkurart som i eksemplet med Kathrine og hendes mor (s. 89) mislykkes kontakten, selvom rosen er kærligt ment. Lars kommer ikke løbende ud til sin mor med en tegning for at få den vurderet. Det er en kærlighedsgave, han giver sin mor, fordi han elsker hende og har savnet hende. Hvis han i stedet havde siddet og kigget i en billedbog med sin far, ville han have vist hende det billede, han lige nu var optaget af. Havde han set fjernsyn, ville han have sagt: »Mor, mor kom og se!«

Pointen er, at han giver hende *sig selv*, sin øjeblikkelige væren, et umiddelbart, personligt udtryk og får en *vurde-*

ring tilbage. Det spiller i denne sammenhæng ikke nogen rolle, om vurderingen er positiv eller negativ. Om han får gode eller dårlige karakterer for sin tegning.

Hvis Lars' mor havde vidst dette, kunne hun have anerkendt hans gave og sagt: »Tak skal du ha' Lars. Den er jeg glad for.« Eller: »Tak skal du ha' Lars ... Jeg kan ikke rigtig se, hvad den forestiller, ka' du ikke fortælle mig ...«. Eller: »Hej skat! Hvor har jeg savnet dig.« Det er ikke så vigtigt, hvad hun siger, når blot hun giver ham sin spontane, personlige reaktion.

Nu holder Lars' mor jo ikke sin personlige reaktion tilbage for at snyde sin søn. Tværtimod. Hun gør det bl.a., fordi hun har lært, at sådan taler man til børn, hvis man vil være kærlig og give dem selvtillid. Hvis hendes mand talte til hende på samme måde, ville hun føle sig ensom og patroniseret. Hendes standard for, hvordan man taler til sine børn, stammer fra dengang, vi endnu ikke vidste, at børn er præcis ligesom voksne – bare mindre.

Lars er også utilpas med deres dialog, men han er et lille barn, der elsker sin mor og mærker, at hun elsker ham, så han samarbejder! I løbet af kort tid kommer han ikke mere med tegninger og ting fra børnehaven og siger: »Den er til dig« eller, »Den må du få.« Nu har han lært spillets regler og siger: »Se mor, er den ikke fin?« eller: »Se mor, er jeg ikke dygtig?« Hans livsperspektiv har ændret sig fra væren til kunnen, fra eksistens til præstation.

Fordi vi også er omsorgsfulde og af og til en smule sentimentale, kan vi meget bedre se problemet, hvis Lars' mor, i stedet for at rose hans tegning, havde kritiseret den. Hvis hun havde sagt: »Jamen Lars, du ved da godt, hvordan man tegner et hus rigtigt!« Eller: »Hvad er nu det Lars? Det kan du da gøre meget pænere!« Ros varmer og kritik gør ondt. Det ved vi godt.

Men glæden og smerten er blot de øjeblikkelige følelsesmæssige reaktioner, som kun sætter sig spor i børns personlighed, hvis f.eks. kritikken er daglig og massiv.

Det farlige ved at elske sine børn ved hjælp af ros og kritik er det, der sker i personlighedsudviklingen på lang sigt. Der sker nemlig det, at vi på den måde opdrager uselvstændige, *ydre*styrede personligheder. Mennesker, som har lav selvfølelse og mangler en indre målestok at handle efter, og som derfor sætter store dele af deres livsenergi over styr i sommetider livsvarige forsøg på at være og handle, som omgivelserne forventer eller bliver ekstremt selvoptagede i deres evige jagt på bekræftelse.

Fra omkring år 1700 og helt op til 1950'erne var kritik de voksnes vigtigste magtinstrument. Sådan er det stadig i nogle familier og der findes fortsat samfund, som hylder den teori, at børn kun bliver rigtige mennesker, hvis de hele tiden får at vide, hvor forkerte de er. I de skandinaviske lande blomstrede småbørnspædagogikken efter 2. Verdenskrig, og man tog afstand fra kritikken og indførte rosen som styringsmekanisme.

I nogle familier vil man have ydrestyrede børn, og i nogle samfund vil man have ydrestyrede borgere, men set – som jeg ser det – fra et sundhedsmæssigt synspunkt, er det uden tvivl en dårlig idé. For illustrationens skyld kan man beskrive vores selvfølelse som et eksistentielt immunforsvar: Jo mere veludviklet selvfølelsen er, jo mindre sårbare bliver vi og jo større livsglæde og livskvalitet får vi.

Mange forældre kan godt se fornuften i dette, men er nervøse for, at de så mister magten i familien og dermed muligheden for at definere de rammer og normer, som jo også er vigtige, for at børn kan udvikle sig sundt. Som jeg skal vende tilbage til længere fremme i bogen, behøver det ikke være sådan. Den eneste magt, forældre nødvendigvis må give afkald på, er den diktatoriske magt.

I eksemplet med Lars og hans mor, beskrev jeg én form

for anerkendelse: den spontane, personlige reaktion. En anden form er den mere velovervejede, personlige tilbagemelding.

I tråd med traditionen tænker og handler vi ofte, som om vores forhold til børn er en ensrettet gade – hvor trafikken går fra os til dem. Også moderne forældre bliver hele tiden optaget af, om de nu *giver* børnene nok. I takt med, at vores viden om børns udvikling er vokset, spekulerer vi på, om vi nu også giver dem opmærksomhed, kærlighed, samvær, stimulation, omsorg og udfordringer nok.

Det er fint nok, så længe vi husker på, at børns selvfølelse også i høj grad afhænger af, i hvilken udstrækning de oplever at være værdifulde *for vores liv*. Jo mere, de får lov til at give os, jo sundere udvikler deres selvfølelse sig.

Der er mange gratis glæder forbundet med at have børn: deres smil, hengivenhed, interesse, omsorg og pudsige indfald. Når de serverer morgenkaffe på sengen, klarer sig godt i skolen eller på sportspladsen, stifter familie, giver os børnebørn, har lyst til at komme på besøg etc. Dem er det selvfølgelig vigtigt at tage imod og kvittere for, men det er ikke dem, jeg først og fremmest tænker på i denne sammenhæng.

Jeg tænker på de regulære eksistentielle udfordringer, alle børn er for deres forældre, bare fordi de *er*, som de er. Når de tvinger os til at se på vores egne destruktive mønstre. Når de bringer os ud over smertegrænsen og får os til at overveje, om vi overhovedet egner os til at have børn. Når de afslører vores overfladiske, pædagogiske forsøg på manipulation og insisterer på vores personlige nærvær. Når de krænkede afviser vores gode råd og vejledning og med stolt selvfølge hævder deres ret til at være forskellige. Når de med deres symptomatiske og destruktive adfærd konfronterer os med, at vi har klokket i det undervejs. Eller kort sagt: Når deres unikke kompetence gør så stort indtryk på os, at vi enten må stå ved det eller lyve for os selv.

Som så mange af os, der er vokset op med meget lidt selvfølelse, har jeg ofte problemer med at »finde min rigtige størrelse«. Jeg svinger mellem enten at være selvudslettende eller opblæst – og så selvfølgelig alle stadierne derimellem. Ikke overraskende har min søn altid følt sig mest krænket af min opblæsthed. Når man har lav selvfølelse, er det ofte vanskeligt at tage sig selv alvorligt, og man ender nemt i den noget billige efterligning, det bliver, når man tager sig selv frygteligt højtideligt. Helt uproduktivt for én selv og voldsomt generende for omgivelserne.

Jeg husker især 3 episoder, hvor min søn kærligt og ubarmhjertigt har punkteret ballonen.

De første 2-3 år af hans liv følte jeg mig tit meget usikker på, hvad jeg skulle stille op med ham (og mig). Dette, kombineret med et voldsomt temperament, førte til, at jeg med mellemrum råbte min frustration ud i hovedet på ham. Han blev selvfølgelig overvældet og bange, men det vidste jeg slet ikke, hvad jeg skulle stille op med.

Først da han var blevet ca. 2 og selv kunne flytte sig, fik han stoppet min helt igennem urimelige opførsel. Midt i en af mine udladninger løb han ud af stuen og ud i entreen. Jeg gik selvfølgelig efter ham og fandt ham stående 4 trin oppe på trappen (i øjenhøjde!) Der stod han med hænderne for ørerne og så mig rasende lige ind i øjnene. Først da gik det op for mig, at jeg måske selv skulle tage ansvaret for min inkompetence i stedet for at give ham skylden for den.

Da han var omkring 12 år interesserede han sig brændende for slanger og krybdyr. En dag kom han hjem – glædestrålende og intens – og fortalte, at en kammerats far havde tilbudt ham en ung Phyton til samlingen. »Den vil jeg altså meget gerne ha' ... Må jeg det?«

Hans mor var selv vokset op i et hjem med masser af kryb, så spørgsmålet var udelukkende rettet til mig, som han godt vidste lider af en middelsvær slangefobi. Det var svært at sige ja og endnu sværere at sige nej, så jeg udbad mig betænkningstid, indtil jeg havde et forestående weekend-kursus vel overstået.

Lørdag kom jeg hjem i frokostpausen og fandt knægten travlt beskæftiget med at save og hamre i garagen. »Hvad laver du?«; »Et terrarium!« ... »Til hvad?« ... »Til slangen, selvfølgelig!«

Neurotisk eller ej – her måtte det være på sin plads med lidt faderlig fylde: »Jamen, det er vi jo slet ikke færdige med at snakke om, Nicolai!«

»Nej, det ved jeg da godt. Jeg regner også med, at du siger, hvad du vil, når du har fundet ud af det.« Kærligt og hensynsfuldt fik jeg endnu en (tiltrængt) lektie i ligeværdighed.

Den (foreløbig) sidste episode udspillede sig et halvt års tid efter, at han var flyttet hjemmefra. Min kone og jeg skulle holde en stor havefest for venner og familie, og jeg spurgte ham, om han ville komme hjem og stå for serveringen. »Det skal jeg lige tænke over,« svarede han og to dage senere ringede han og sagde, »OK, det vil jeg gerne. Hvornår skal jeg komme?«

Det hører med til historien, at jeg er passioneret kok, og at jeg, når jeg skal lave store eller vigtige middage, af og til får alvorlige anfald af primadonnanykker. Sådan gik det også denne gang.

I mellemtiden havde han dækket et smukt bord og serveret de første to retter. Han havde reserveret en siddeplads til sig selv ved siden af mig, og da jeg endelig fik et pusterum, hvor jeg kunne sidde sammen med det øvrige selskab, kom også han hen og satte sig. I stedet for at sætte pris på hans selskab og hans store indsats, tog jeg et hastigt vue over bordene og sagde: »Der skal skiftes tallerkener NU, Nicolai!« Han stivnede, øjnene blev kulsorte, og efter en kort tøven så han på mig – præcis som dengang på trappen – og sagde:

»Hvad får jeg for det?«

Denne gang gik der et døgn, før jeg fandt ud af, hvordan jeg havde kvajet mig, men da det først gik op for mig, skammede jeg mig for første gang i mange år. Jeg havde bedt ham om en vennetjeneste, og som min ven havde han tilbudt sig. I samme sekund jeg i min kolossale selvoptagethed havde talt til ham som en billig lejetjener, forlangte han betaling.

Men det tog altså 24 timer at komme igennem alle filtrene. Moralen f.eks.: Man hjælper da sine forældre. Det kan man sandelig ikke være bekendt at forlange penge for! Tænk bare på, hvad de har givet ... Og »tiden«, som altid er en god bortforklaring: De er sgu også ved at blive for lige med os, de unge nu om dage! Og sårethaden, selvhøjtideligheddens apoteose, naturligvis: Han må da vide, hvor betydningsfuld den fest var for mig!

Vi får alle hundredevis af den slags helt dagligdags guldklumper i samværet med vores børn og det er vigtigt for børnenes og for vores egen selvfølelse, at vi kvitterer for dem. Enten i form af en verbal tilbagemelding – på stedet, dagen efter eller 10 år efter – eller en ændring af vores adfærd, eller begge dele.

Dette med, at hjerteblodet, inspirationen og opdragelsen går begge veje, er særligt vigtigt at være opmærksom på i familier, hvor specielle forhold gør sig gældende. Når man er adoptivbarn, plejebarn, fysisk eller psykisk handicappet barn, bliver udviklingen af ens selvfølelse meget nemt blokeret af, at man kommer til at opleve sig som sine forældres »opgave«, »byrde« eller »projekt«. Det er der forskellige grunde til.

Hvis man er handicappet, er der mere eller mindre snævre grænser for, hvad man kan præstere, intellektuelt eller fysisk, og derfor bliver man afhængig af sine forældres hjælp. Der er ikke ret meget i tilværelsen, som er så nedbrydende for menneskers selvfølelse som at være afhængig af andres hjælp. Det er det samme, om man er handicappet, gammel og svagelig, flygtning eller på bistandshjælp.

Som nævnt skal der to hovednæringsstoffer til, for at menneskers selvfølelse kan udvikle sig: at vi bliver *set* og *anerkendt*, sådan som vi er, og at vi oplever, at vi har værdi for andre, sådan som vi er. Når man er handicappet risikerer man, at man ikke bliver »set«, men kun bliver *set på*, og når ens handlemuligheder er begrænsede, kan det være uhyre svært at opleve sig værdifuld for sine forældre, som på grund af ens handicap hele tiden må være i aktivitet.

Som forældre til et handicappet barn er det derfor ekstra vigtigt, at man er ærlig og personlig i sine spontane reaktioner på barnet – også når man er irriteret, modløs og udmattet. På samme måde er det vigtigt, at give sit handicappede barn tilbagemeldinger af mere eksistentiel karakter. Mange forældre er tilbageholdende med dette og kanaliserer i stedet deres egen og barnets energi hen på det præstationsmæssige område. Det kan være godt nok for barnets selvtillid og mindske dets fysiske afhængighed, men det udretter ikke noget for barnets selvfølelse. Langt størsteparten af de signaler og tilbagemeldinger, der udvikler eller afvikler børns selvfølelse, kan de modtage helt uanset alder og handicap.

For spædbørn er der ikke noget uværdigt i at være afhængig af andre, og de tager med stor selvfølge imod kærlighed, omsorg og mad. Men for bare lidt ældre børn, som mister den daglige kontakt med de biologiske forældre og bliver adopteret eller kommer i pleje, holder det op med at være en selvfølge. De er helt klar over, at nogle »fremmede« gør noget helt særligt for dem og kommer hurtigt til at føle sig i gæld til de voksne, der for altid eller midlertidigt er trådt i de biologiske forældres sted. Følelsen af at stå i gæld til de nye forældre kan de meget sjældent udtrykke verbalt, før de bliver voksne. Så længe de er børn og unge, kommer den til udtryk som aggression, lukkethed eller overdreven tilpasnings- og samarbejdsvilje. Det er en påmindelse til forældrene om, at de har været for optaget af at give og give, og at tiden er inde til at læne sig tilbage og tage imod. Det kan være vanskeligt nok at opbygge en acceptabel selvfølelse, når man har mistet kontakten med sit biologiske ophav og måske også sit kulturelle tilhørsforhold.

3.4 »Usynlige« børn

Nogle børn vokser op i familier, hvor de er »usynlige«, hvilket vil sige, at de helt konsekvent ikke bliver »set«, sådan som de er og sådan, som de har det. Det kan strække sig over hele deres opvækst eller i særlige perioder – f.eks. i puberteten.

Eksempel:
Tidligere i bogen nævnte jeg Alecia, som jeg mødte, fordi hendes forældre havde bedt om en konsultation. Alecia var på det tidspunkt 13 år og stærkt overvægtig og netop denne kendsgerning havde fået forældrene til at bede om hjælp, efter at diverse diæter var slået fejl.

Omkring 10 minutter henne i samtalen, medens forældrene stadig var i færd med at beskrive situationen, rejste Alecia sig op, gik nogle få rastløse skridt frem og tilbage over gulvet, hvorefter hun med grådkvalt raseri udbrød: »I ser sgu heller aldrig andet end mit flæsk!«

Med denne fyndige irettesættelse mindede hun sine forældre om, hvor vigtigt det er for os, at de, der elsker os, også kan »se« os. Alecia er en af de heldige unge, som har udviklet en sund kampånd og har en mund at tale med. Mange af hendes jævnaldrende ville ikke have kunnet protestere så voldsomt og præcist i denne situation. De ville have siddet passive og forlegne på stolen, medens de voksne diskuterede deres symptom.

Alecia tilhørte en gruppe af børn (og voksne), som ikke bliver »set«, men kun set på. I dette tilfælde, fordi hun er overvægtig, men det kunne også have været, fordi hun var undervægtig, handicappet, billedskøn eller på anden måde påfaldende i sit ydre. Ofte begår voksne én af to fejl i forhold til disse børn og unge. Enten fokuserer vi lige så meget på »overfladen«, som vi er nervøse for, at f.eks. andre børn vil gøre. Vi er bekymrede for, at den tykke dreng og pige skal blive drillet og få problemer med sin selvtillid, og derfor koncentrerer vi vores kærlige og engagerede energi i en lang række forsøg på at hjælpe dem til at tabe sig. Dermed gør vi det samme, som vi forsøger at beskytte dem imod. Vi driller/mobber dem med modsat fortegn! Ikke spydigt og sårende, men insisterende omsorgsfuldt.

Følelsesmæssigt er det selvfølgelig rarere at være i en omsorgsfuld atmosfære. Man er gladere for sine beskyttende forældre end for sine angribende kammerater, men man er ikke gladere for sig selv. Selvfølelsen vokser ikke.

Den anden fejl, vi hyppigt gør, er, at vi forfalder til forenklede psykologiske indgreb og forklaringer: Hvilke problemer ligger der bag? Der er ikke noget at sige til det, for logikken er besnærende: Han trøstespiser, altså er der noget, han er ked af. Hvis vi kan finde ud af, hvad han er ked af og hjælpe ham med det, så holder han op med at trøstespise. – Så enkelt er livet kun sjældent.

Der er mangfoldige årsager til, at børn og unge propper sig eller sulter sig og deriblandt selvfølgelig også nogle specifikke, afgrænsede problemer, de ikke har kunnet løse på egen hånd, men deres største smerte er, at de ikke føler sig »set«. Den smerte var til stede længe før, de begyndte at udvikle symptomer, der var så tydelige, at omgivelserne reagerede.

Som alternativ til at symptombehandle og/eller blive problemdetektiv, kan det være langt mere frugtbart (men også mere krævende) at gå ud fra følgende billede: Når børn, unge og voksne opfører sig selvdestruktivt, ved vi, at deres usunde adfærd kun repræsenterer en del af, hvem de er. Der findes en anden del af dem, som er sund og livskraftig. Sund og livskraftig betyder også: urimelig, irrationel, sprudlende, rasende, ulykkelig, barnagtig, irriterende, udfordrende og bevægende. I konflikten mellem den sunde og den usunde del, har den sunde og livskraftige del foreløbig tabt.

Alle har derfor den samme opgave: At genfinde den sunde og livskraftige del, at være åben og nysgerrig i forhold til den og at invitere den ind i det fællesskab, som den meget længe ikke har følt sig velkommen i. Det er det eneste, der på lang sigt kan få selvfølelsen til at udvikle sig på ny. Når man i stedet vælger at bekæmpe den usunde del med motivation, tvang og kritik, opnår man kun at begrænse den magt, den har tiltaget sig. Det kan godt umiddelbart ligne en succes, men det er en succes med store omkostninger. Et menneske, som har udviklet sig selvdestruktivt, kender kun sig selv som sådan. Det har mistet kontakten til sit sunde, oprindelige selv, men denne udvikling er sket langsomt. Den begyndte med en oplevelse af, at den sunde del ikke var velkommen i familien og kulminerede i en tilstand, som omgivelserne også synes er et problem!

»Usynlige« børn begynder ofte på et tidspunkt at gøre ting med deres krop, påklædning, adfærd eller holdninger, som gør dem meget iøjnefaldende. Det er fristende at engagere sig i deres overflade, men helt uproduktivt for alle parter. »De vil bare have opmærksomhed,« siger vi om deres adfærd. Det er sandt nok, men det er ikke, fordi de har primadonnanykker. Det er fordi, de er »usynlige«.

Børn og unge kan også være »usynlige« i deres familie på andre måder. Det gælder f.eks. børn, som tidligt i deres liv er blevet tildelt en bestemt rolle eller har fået en bestemt egenskab hæftet på sig som værende »typisk« for dem.

Det kan f.eks. være : »fars lille prinsesse«, »Bettepigen«, den »kloge«, den »nemme«, den »besværlige«, den »lukkede«, »klovnen« o.l.

Eksempel:

Lisa er 14 år og bor sammen med sin mor, stedfar og to yngre søskende. Hun er en køn, velbegavet pige, der klarer sig godt i skolen. Hun har ingen nære veninder og har aldrig haft nogen – en kendsgerning hun selv beklager, men ikke er specielt ulykkelig over.

Lisa er den direkte anledning til, at familien har bedt om en samtale. Hendes status i familien er, at hun er »sær«, »mærkelig« og en »underlig én«. I familien, hvor alle taler meget og gerne, skiller hun sig ud og frustrerer de andre ved oftest at være tavs. Hun siger dels ikke ret meget af egen drift, og dels svarer hun for det meste på de andres henvendelser med enstavelsesord.

For nylig har Lisa spurgt sine forældre, om hun måtte flytte hjemmefra – »på efterskole eller sådan noget lignende«. Det har hendes forældre for så vidt ikke noget imod, men de vil gerne, at det kunne ske i en god stemning, og at de kunne forstå hvorfor. Dermed støder de ind i det evige problem: Lisa kan ikke svare på den slags personlige spørgsmål.

Det viser sig, at forældrene igennem lang tid har udviklet et uheldigt ritual, når de forsøger at føre en personlig samtale med Lisa: De stiller hende et spørgsmål – f.eks.: »Er der noget, du er utilfreds med?« Lisa tænker sig grundigt om og forsøger at finde de rigtige ord – de ord, som både udtrykker hende selv og kan begribes af forældrene – men før det lykkes, mister de voksne tålmodigheden og spørger igen: »Synes du, vi forlanger for meget af dig herhjemme? ... Er der nogle problemer i skolen? ... Lisa, er der noget bestemt, du er ked af?«

Lisa mærker deres utålmodige hjælpsomhed og føler sig forkert, fordi hun har så svært ved det med ord, så for at slippe for at være i fokus, vælger hun at svare, »nej«. Svaret frustrerer naturligvis forældrene, som gør det bedste, de har lært, for at interessere sig for deres datter og kun får meningsløse enstavelsesord og afvisninger som svar. Situationen er mindst lige så ubehagelig for Lisa. Som alle andre børn og unge i den situation, er hun for længst kommet til den konklusion, at det må være hende selv, der er noget i vejen med.

Noget senere lykkes det Lisa at svare på forældrenes spørgsmål. Hun siger: »Jeg tror, at jeg måske bedre kan finde mig selv, hvis jeg ikke bor hjemme.« Et utroligt indsigtsfuldt og sandfærdigt svar. Lisa har nemlig været »usynlig« i sin familie næsten hele sit liv, men da hun samtidig på så mange andre måder har haft kærlige og engagerede forældre, har hendes integritet aldrig lidt egentlig overlast. Hun har kunnet bevare »sig selv« intakt. Et eller andet sted inden i hende findes den virkelige Lisa sammen med længslen efter at blive »set«. Hun har opgivet håbet om, at hendes forældre kan »se« hende og satser derfor på at kunne »finde sig selv«.

Lisas vanskeligheder med at udtrykke sig personligt hænger nøje sammen med hendes »usynlighed«. Når hun bliver inviteret og når omgivelserne er tålmodige, kan hun godt sige mere, end hun plejer, men kun med stort besvær og megen usikkerhed. I hele hendes liv er hendes adfærd og sindsstemninger blevet fejlfortolket og da hun ligesom alle andre børn har været af den overbevisning, at hendes elskede forældre var fuldkomne, er hun kommet til den konklusion, at det var hende, der var forkert. At hun var, som de sagde og ikke, som hun oplevede sig selv indefra. Som tiden er gået, er hun naturligt nok blevet mere og mere tøvende med at give sit indre (forkerte) »jeg« stemme.

Sådan som tingene havde udviklet sig, var de ikke bare pinefulde for Lisa. Hendes mor havde konstant skyldfølelse over den manglende nærhed og kontakt, og Lisas stedfader var alvorligt frustreret over, at al hans velvilje og interesse blev afvist. Lisas plan var realistisk: Kontakten mellem hende og resten af familien kunne kun lykkes, hvis hun på egen hånd kunne genfinde sig selv og øve sig i at udtrykke sig i samvær med mennesker, som ikke havde de gamle forventninger til hende.

Der findes utallige variationer af Lisas dilemma. Mange mennesker opdager det først, når de for længst er blevet voksne, nogen finder ligesom Lisa en løsning på problemet i puberteten; og så er der endelig en helt særlig gruppe børn, som meget tidligt i deres liv opgiver at blive set og som konsekvens heraf isolerer sig fra deres forældre og overtager det eksistentielle ansvar for sig selv. Denne gruppe vil blive beskrevet i det følgende kapitel. (s. 120).

Der er mange forskellige grunde til, at nogle børn bliver »usynlige« i deres familie. I nogle familier forsøger forældrene aktivt at forme deres børn i et bestemt billede. Det kan være forældre, som på gammeldags facon lægger stor vægt på, at børnene lærer at »opføre sig« og ikke finder det vigtigt, at børnene også kan »være sig«. Noget tilsvarende kan ske i mere fleksible, moderne familier, hvor kravene til »rimelighed« og »fornuft« er så fremtrædende, at børnene hurtigt lærer at tage afstand fra de mere urimelige og irrationelle sider af sig selv.

Det kan også ske i familier, hvor de voksnes samliv er så problematisk og dramatisk, at børnene helt af sig selv kommer til den konklusion, at der ikke er plads til dem. Det kan ske, hvis et barn er helt forskelligt fra sine ældre søskende og forældrene ikke »ser« forskellen, men kun problematiserer den. Det sker ikke så sjældent for børn, som har en handicappet bror eller søster eller er alene med en forælder, som har nok at gøre med at få sit eget liv til at fungere.

Fra usynlig til synlig

Hvad gør man som forældre, når man opdager eller bliver gjort opmærksom på, at man har et »usynligt« barn – et barn, hvis individuelle, personlige væren man af forskellige grunde ikke har kunnet »se«?

Det første og vigtigste, man kan gøre, er at tilgive sig selv og hinanden! Og jeg mener tilgive i den gode gammeldags forstand, hvor man giver sig tid til at se sit ansvar, sin skyld og hinanden i øjnene først. Ikke den hurtige discount-tilgivelse, hvor vi bare glemmer fortiden og starter på en frisk. Hvis man havde kunnet »se« sit barn, havde man jo gjort det. Når man ikke har kunnet, er der noget, man skal have lært – også om sig selv.

Denne proces tager tid, men den er afgørende også for barnets muligheder for at udvikle sin selvfølelse. Hvis skyldfølelsen enten dominerer eller er fortrængt, sender den et massivt signal, som barnet opfatter som: »Mine forældre synes, de har været nogle dårlige forældre. Det må betyde, at de ikke er tilfredse med mig, sådan som jeg er. Ellers ville de jo ikke have skyldfølelse.« Forældrenes skyldfølelse reducerer barnets selvfølelse yderligere og alle de i øvrigt konstruktive ting, forældrene foretager sig, risikerer at gå til spilde.

Men hvilket fællesskab, skal man skabe i familien? Hvordan skal et fællesskab være for at inkludere det barn, som indtil nu har været medlem af familien uden at være en del af fællesskabet?

Man skal først og fremmest gøre, som man plejer. Hvis familien har tradition for at gøre mange ting sammen, så bliv ved med det. Har man omvendt tradition for, at man mest gør hver sit, så bliv ved med det. Hvis man vil benytte lejligheden til at ændre familiens kultur, skal det være, fordi man selv trives dårligt – ikke »for barnets skyld«.

Det nye og vanskelige, forældrene må lære, er at forestille sig, at de har fået et helt fremmed barn i huset; et barn som oplever virkeligheden anderledes end alle andre og som på mange måder ikke ligner det barn, man har »kendt« i 5, 10 eller 15 år. Forældrene må arbejde med deres vante forestillinger og møde barnet så åbent og fleksibelt som muligt. Ikke altopofrende, men indstillet på at flytte noget rundt på grænserne.

Først og fremmest tager det tid at blive synlig igen. Det kan tage år at få så meget selvfølelse og så meget tillid til andre mennesker, at man tør udtrykke sine inderste tanker og følelser. Det »jeg«, som så længe har levet skjult, vil være hudløst og sårbart. Det betyder ikke, at forældrene skal »gå på æggeskaller«, men at kritik, irrettesættelser og bedrevidende opdragelse bør være forbudt. Et forbud som hele familien uundgåeligt vil profitere af.

3.5. Vold er vold

Integritet og selvfølelse hænger sammen. Jo bedre det er lykkedes for forældre at drage omsorg for et barns integritet, jo større muligheder har barnet for at udvikle en sund selvfølelse. Vold er som nævnt et overgreb mod børns integritet og dermed skadeligt for deres selvfølelse.

Det faktum, at vi kun lovgiver om den form for grov fysisk vold, vi kalder børnemishandling, betyder ikke, at andre former for vold ikke er skadelige. Vi har blot bestemt, at de ikke skal være kriminelle.

I tidens løb har vi fundet på mange synonymer for fysisk vold. I Danmark taler vi om »revselsesretten« og om »smæk« og »klaps«. I USA taler man om »disciplining« og

»spanking«, og sådan har de fleste kulturer deres egne, retfærdiggørende kælenavne for fænomenet. Men det kan ikke længere skjule den kendsgerning, at vold er vold og at vold er ødelæggende for begge parters selvfølelse og menneskelighed, lige meget hvilken eufemisme vi bruger og uanset, hvordan vi begrunder den.

Det er min erfaring, at de forældre, der øver vold mod deres børn, fordeler sig på to grupper. I den ene gruppe er voldsanvendelse en holdning eller ligefrem en ideologi. De, der har vold som holdning, siger:» Ja, men jeg tror nu ikke, børn tager skade af et klap i numsen, når de selv har fortjent det.« Går man denne gruppe lidt nærmere på klingen, viser det sig ofte, at de egentlig havde en anden holdning, før de fik børn, og at deres nuværende holdning mest er udtryk for, at de har gjort en dyd af nødvendighed.

De forældre, der har voldsanvendelse som ideologi, og som mener, at vold er et helt nødvendigt led i ansvarlig børneopdragelse, kommer ofte fra miljøer eller samfund, som er domineret af totalitære, religiøse eller politiske ideologier. Blandt disse grupper spiller det enkelte individs liv og livskvalitet en underordnet rolle, og den kendsgerning, at vold er ødelæggende for individet, gør derfor ikke noget indtryk.

En anden gruppe forældre, som måske er typisk for de skandinaviske samfund, slår af og til deres børn, men har det dårligt med sig selv, hver gang det sker.

Uanset, hvad forældrenes holdning er, har enhver form for voldsanvendelse mod børn nøjagtigt de samme konsekvenser som voldsanvendelse mod voksne: Den skaber angst, mistillid og skyldfølelse på kort sigt og på langt sigt skaber den lav selvfølelse, vrede og vold. Disse følgevirkninger af vold står ikke nødvendigvis i forhold til, hvor hyppigt et barn bliver slået. Jeg har mødt mennesker, som blev behandlet voldeligt af deres forældre én gang i løbet af deres opvækst, og som aldrig har forvundet smerten. Jeg har også mødt mennesker, som er blevet slået 10-20 gange, uden det har sat sig varige spor. Meget tyder på, at det har stor betydning, om forældrene tager ansvaret for volden eller giver børnene skylden.

Eksempel:
En ung mor er på vej ud ad døren sammen med sin søn på 1½ år og en veninde. Da de skal ned ad trappen, tager hun drengen på armen, sætter ham sekundet efter fra sig med en grimasse og slår ham hårdt med flad hånd i baghovedet. Derefter griber hun ham i overarmen og slæber ham tilbage til lejligheden. Da veninden chokeret og undrende spørger hende, hvorfor hun slog sin søn, svarer hun med rolig selvfølge: »Jeg har lige skiftet ham for en halv time siden. Mig skal han ikke drille ... det kan han lige så godt få lært!« Hvortil veninden indvender: »Jamen, han er ikke engang 2 år endnu. Du kan da ikke forlange, at han allerede skal kunne sige til, når han skal noget.« Moderen svarer med at gentage sin første replik.

Bortset fra regulær børnemishandling er denne form for vold mod børn den mest destruktive, fordi den lægger ansvaret for volden på barnet: Det er din egen skyld, at jeg slår dig! Denne mor lever i en kultur, hvor vold er et hyppigt forekommende og alment accepteret element i børneopdragelsen. Men den kendsgerning, at volden er en del af kulturen, gør den ikke upersonlig. Hver gang han bliver slået, oplever hendes søn volden som et meget personligt budskab om, at han er forkert og uden værdi.

Drengen græd selvfølgelig voldsomt, da han blev slået. Først panisk og højlydt over chokket og den fysiske smerte og senere, mens han fik ren ble på, dybt og lavmælt over den psykiske. Men selv om hans følelsesmæssige reaktion var voldsom, er det ikke den, der gør situationen farlig bl.a.

for hans selvfølelse. Det bliver først rigtigt farligt 2-3 år senere, når han er holdt op med at give udtryk for sine følelser.

Moderen reagerede på sin søns gråd på præcis samme måde, som hun minuttet inden havde reageret på det, der kom ud af den anden ende. Hun kritiserede, fordømte og truede, og dermed var der ingen tvivl tilbage i drengens sind: Ikke bare var hans afføring forkert og en personlig krænkelse af hans mor, hans sorg var det også.

Denne form for vold vil være en fast bestanddel af forholdet mellem drengen og hans forældre flere gange om ugen, indtil han er omkring 10-11 år gammel. I den kultur, han lever i, vil han lige så ofte opleve voldens tilsyneladende modsætning: Som drengebarn vil han blive vist frem med stolthed, rost og forgudet og kysset og krammet. Fordi hans selvfølelse bliver knækket af volden, vil han være taknemmelig for rosen og forgudelsen, og han vil for evigt ære og forgude sin mor. Han vil udvikle sig til en pågående og charmerende ung mand, som i selskab med andre strutter af selvtillid. Som ægtemand og far vil han kopiere volden fra sin egen opdragelse i takt med, at samlivet med kone og børn begynder at stille krav, som han ikke kan leve op til.

Den vold, han selv blev udsat for som barn, vil resultere i fire ting:

- Følelsesmæssigt vil han fortrænge angsten, smerten og ydmygelsen fra sin bevidsthed og huske sin barndom som lykkelig.
- Mentalt vil han komme til den konklusion, at vold mod børn er en rimelig måde at opdrage dem på, når de selv er ude om det.
- Eksistentielt og personlighedsmæssigt vil han være præget af lav selvfølelse og manglende sans for sine egne og

113

andre menneskers grænser og hans livsstil vil være selv-
destruktiv på en række områder.

– Kropsligt vil han være præget af specifikke spændinger
og blokeringer i ryggen, maven og brystet – spændinger
der vil fungere som et generelt, ubevidst forbehold i hans
kontakt med sine nærmeste.

Disse konsekvenser er det mest stilfærdige resultat, og
prognosen forudsætter flere ting: At hans forældre klarer
sig godt socialt; at de er nogenlunde følelsesmæsigt stabile
og ikke er misbrugere; at drengen klarer sig gennemsnitligt
eller bedre i skolen; at forældrenes ægteskab ikke er domi-
neret af fysisk eller psykisk vold.

Hvis en eller flere af disse faktorer mangler, vil drengens
lave selvfølelse bryde igennem meget tidligere. Det kan
være i form af indlæringsvanskeligheder, adfærdsproble-
mer, kriminalitet, bandeaktivitet, stof- og/eller spiritus-
misbrug, hærværk, selvmordsforsøg o.l. Altsammen direk-
te resultater af, at hans forældre med deres voldelige
handlinger har lært ham, at hverken hans egen eller andre
menneskers fysiske og psykiske integritet er noget, man
behøver at nære omsorg og respekt for. At forældrene må-
ske ved siden af er trofaste kirkegængere og kan prædike
næstekærlighed om søndagen, tjener kun til at nedbryde
hans selvfølelse yderligere.

Men hvad nu, hvis man ikke går ind for vold, men bare
engang imellem bliver desperat og mister overblikket? Kan
man gøre noget for, at børnene ikke tager skade af de øre-
tæver eller den endefuld?

Ja, noget kan man i hvert fald gøre: Man kan påtage sig
ansvaret – følelsesmæssigt og verbalt. Når man selv er kølet
af, og barnet har haft ro til at have sine reaktioner i fred, kan
man reetablere kontakten og sige: »Jeg er ked af, at jeg slog
dig. Lige da jeg gjorde det, troede jeg, at det var din skyld.

114

Det er det ikke. Det er min skyld og det vil jeg gerne sige undskyld for.«

Læs udsagnet igen og tyg lidt på det. Hvis du er over 35 år gammel, vil du sandsynligvis mene, at det er lige i overkanten: Selvfølgelig er det mig, der er ansvarlig ... det er jo mig, der er den voksne og den der burde kunne bevare roen, men det må nu også komme an på, hvad der gik forud.

Denne tankegang er bestemt ikke ualmindelig. Den er et ekko fra en ikke så fjern fortid, hvor børn konsekvent fik skylden for enhver konflikt i forholdet til forældrene. Dette ekko får mange forældre til at sætte sig mellem to stole i situationer som denne. Det kan være i form af en mere sentimental udgave:

»Kom her lille skat ... kom hen til far/mor. Far/mor er så ked af, at han/hun kom til at slå dig. Det var slet ikke meningen. Kom lille skat, så skal far/mor tørre din næse og så glemmer vi det ... ikke også lille skat! Far/mor gør det aldrig mere.«

Denne version tager for det første ikke skylden fra barnet, fordi forælderen ikke påtager sig ansvaret »det var ikke meningen«. For det andet påfører den barnet endnu en byrde, nemlig at tilgive, og den afsluttes med et løfte, som med sin mangel på selvindsigt er en garanti for, at det netop vil ske igen.

Det kan også være en mere »pædagogisk« udgave:

»Det er jeg forfærdelig ked af ... det må du rigtignok undskylde. Jeg ved slet ikke hvad der gik af mig ... Men kan du ikke også godt forstå, at det virkelig er helt urimeligt, når du ... osv ... osv ....? Kom, nu går vi ud i køkkenet igen, og så håber vi ikke, det sker mere, vel?«

Denne version forsøger at dele sol og vind lige med det resultat, at skyldfølelsen bliver siddende i sjælen på begge parter. Det er et helt almenmenneskeligt fænomen: Hver gang vi ikke kan eller vil tage ansvaret for os selv, svigter vi os selv, belaster de mennesker, der er omkring os og vores relationer til dem.

Det er grunden til, at der er mening i at sige, at begge parter i en voldelig episode tager skade af volden. Ikke bare i forholdet mellem forældre og børn, men også imellem voksne, hvad enten de er i familie med hinanden eller ej.

For voldsudøveren sker der følgende:

– Hans *følelser* vil altid i begyndelsen fortælle ham, at der er noget galt med det, han lige har gjort. For at kunne fortsætte, må han derfor se bort fra sine følelser, og dermed reduceres hans sensitivitet og menneskelighed. Sandsynligvis udviklede denne amputerede menneskelighed sig allerede mange år tidligere, da det var ham selv, volden gik ud over, men hærdningsprocessen fortsætter, hver gang han udøver vold og resulterer uundgåeligt i, at hans udvikling som menneske går i stå eller indsnævres. Det samme sker med hans følelsesliv, som bliver reduceret til sentimentalitet.

Mentalt kan reaktionen variere over to hovedtemaer:
Enten har eller får han en moral, som retfærdiggør vold, så der er overensstemmelse mellem holdning og handling, eller også må han fralægge sig ansvaret for sine handlinger. Det kan han som nævnt gøre ved altid at give den anden part skylden eller ved at opfinde et »væsen« inden i sig selv, som han hverken har kontakt med eller kontrol over.

Eksistentielt vil han uundgåeligt komme til at omfatte sit eget liv med samme foragt, som han behandler andres liv med. Han vil muligvis kompensere for dette ved at gå meget op i sit eget fysiske velfærd, sit sociale liv og sine materielle rettigheder, men under denne tilsyneladende selvrespekt, vil selvdestruktionen florere.

Ovenstående er ikke noget skræmmebillede. For menne-sker, som kun undtagelsesvis udøver vold er konsekvenser-ne naturligvis mindre markante og blokerer måske kun hjørner af deres eksistens, som de alligevel aldrig ville kom-me i kontakt med. Men konsekvenserne er ikke abstrakte, de er helt reelle og – proportionelt med voldens omfang – livsbegrænsende.

I forhold mellem børn og voksne er volden altid de voks-nes ansvar. Det gælder ikke blot, når det er de voksne, der udøver volden, men også når det er børnene eller de unge, der optræder voldeligt – mod deres forældre, søskende, kammerater, fremmede og andres eller fællesskabets ejendom.

Over hele verden står politikere i disse år frem og for-dømmer børns og unges vold, og sammen med krænkede og oprørte forældre argumenterer de for strengere straffe. Det er ikke bare absurd – det er nogenlunde lige så ansvar-ligt og begavet, som hvis de foreslog at udligne staternes budgetunderskud med børnenes Matadorpenge.

Bl.a. som følge af den øgede liberalisering i samfundene og børns og unges stigende selvbevidsthed, udtrykker for-færdende mange af dem deres smerte offentligt og destruk-tivt. Denne udvikling vil fortsætte, indtil vi begynder at tage ansvaret for den massive vold af både fysisk og psykisk karakter, voksne stadig udøver mod børn.

3.6. De voksnes selvfølelse

Mange forældre stiller naturligt nok spørgsmålet, om man overhovedet kan støtte sine børn i at udvikle en sund selv-følelse, hvis man selv har lav selvfølelse. Svaret er, at det kan man godt, hvis man er indstillet på samtidig at gøre en ak-tiv, bevidst indsats for at udvikle sin egen.

Nu er det jo sådan, at vores selvfølelse udvikler sig hele

livet i den forstand, at vi lærer os selv bedre at kende, som årene går. Den udvikler sig altså kvantitativt, men ikke nødvendigvis kvalitativt. Vi ved mere om os selv, men vi forholder os ikke nødvendigvis anderledes til os selv. Det kræver en bevidst indsats at ændre den kvalitative dimension, hvad enten den til en begyndelse er præget af usikkerhed, selvkritik, overfladiskhed, sortsyn eller tro på en bedre fremtid.

Når vi ikke er opmærksomme på dette, bliver lav selvfølelse en del af det, vi plejer at kalde »den sociale arv« og som vi måske skulle begynde at kalde »den socialpsykologiske arv«. Det sker meget nemt, hvis forældrene befinder sig i en social situation, som over længere tid nedbryder deres selvfølelse eller den selvtillid, de møjsommeligt har bygget op for at kompensere for en lav selvfølelse. Det kan være arbejdsløshed, landflygtighed, tab af prestigefyldte stillinger og statussymboler, mistet førlighed og tilsvarende dramatiske tab af muligheden for at handle og for at yde noget på de niveauer i tilværelsen, hvor man tidligere har oplevet at have værdi for sine nærmeste og for samfundet.

Den vigtigste indsats inden for familiens rammer er, som jeg allerede har været inde på i flere sammenhænge, at forældre er opmærksomme på det modspil, deres børn yder og på det indtryk, det gør på dem. For mange forældre betyder det, at de samtidig må frigøre sig fra nogle konventioner og sige fra over for styrende kritik fra den øvrige familie.

Vores kultur hylder den vrangforestilling, at vi bliver voksne, når vi fylder 18 21 – eller allersenest, når vi selv får børn. Som de fleste ved, er det ikke sandt. Mange af os når end ikke at blive voksne, før vi dør. Det betyder ikke, at vi altid går rundt og opfører os barnagtigt, men kun at vi ofte opfører os umodent, specielt i relation til vore nærmeste. Det er der ikke noget unaturligt eller forkert i, og det tager vores børn ikke skade af. Betingelsen for, at børn kan udvikle en sund selvfølelse er ikke, at deres forældre har én, før de sætter børn i verden. Det kræver kun, at forældrene er åbne nok til at videreudvikle deres selvfølelse sammen med børnene, samtidig med at børnene udvikler deres. Jeg understreger for en sikkerheds skyld, at børnene nok skal elske deres forældre betingelsesløst alligevel! Udviklingen af deres selvfølelse handler kun om, hvor godt de i sidste ende synes om sig selv.

4 ANSVAR, ANSVARLIGHED OG MAGT

Ansvarlighed og uansvarlighed er centrale begreber, når forældre diskuterer børneopdragelse, og når professionelle taler om mål og midler i børnehaver og skoler, på behandlingshjem og i plejefamilier. Her er ikke samme begrebsforvirring, som når vi taler om selvtillid, selvværd og selvfølelse, men til gengæld bruges ordene ansvar og ansvarlighed om flere fænomener, end ét ord kan dække. Jeg vil derfor i det følgende foreslå en skelnen mellem det »sociale ansvar« og det »personlige (eksistentielle) ansvar«.

Jeg synes, det er vigtigt at kunne se forskel på de to former for ansvar, fordi de hver for sig repræsenterer nogle værdier, der knytter sig til centrale aspekter af tilværelsen. Med den sammenhæng, der er imellem dem, er de væsentlige i forståelsen af, hvordan vi skaber ligeværdige relationer i familien på måder, som både drager omsorg for medlemmernes integritet, støtter og inspirerer udviklingen af den enkeltes selvfølelse og styrker fællesskabet. Samtidig er de for mig blevet en vigtig nøgle til forståelsen af, hvorfor vores professionelle behandling af børn og unge mislykkes så ofte, som tilfældet er.

4.1 Definitioner

Det sociale ansvar er det ansvar, vi har over for hinanden i familien, gruppen, samfundet og verden.

Det er den form for ansvarlighed, de fleste af vores forældre og lærere har forsøgt at opdrage os til. Det er det sociale

ansvar, som er nødvendigt, så de grupper og samfund, vi til-
hører, kan fungere for så mange som muligt.

Det personlige ansvar er det ansvar, vi har for vores eget
liv – vores fysiske, psykiske, mentale og spirituelle sundhed
og udvikling. Det er det ansvar, de færreste af os er opdraget
til at tage, men det er det mest kraftfulde og potente, vi ken-
der, når det drejer sig om at forebygge vantrivsel og at tilfø-
re kreativ energi til de fællesskaber, vi indgår i.

Traditionelt har opdragelse og pædagogik lagt hele væg-
ten på det sociale ansvar, men i løbet af den sidste genera-
tion har vi opdaget (eller måske genopdaget), at de to for-
mer for ansvarlighed hænger sammen.

DET SOCIALE ANSVAR
ansvaret over for.......

⇧　　　　⇩

DET PERSONLIGE ANSVAR
ansvaret for eget liv.

Når børn opdrages med hovedvægten på det sociale ansvar,
lykkes det ofte. Mange mennesker bliver endog det, vi i
daglig tale kalder over-ansvarlige. Prisen er frustration i for-
holdet til andre mennesker og helt eller delvist fravær af
personligt ansvar.

Når børn opdrages med hovedvægten på at støtte udvik-
lingen af deres medfødte, personlige ansvarlighed, lykkes
det også , men dertil kommer, at de i samme proces udvik-
ler en høj grad af social ansvarlighed.

Dette er en fuldstændig underminering af en af de mest
dominerende myter i offentlig og privat opdragelse, som al-
tid har understreget, at barnets »egocentriske natur« må
holdes nede af hensyn til fællesskabet. Som har fået voksne
til også at bekræfte hinanden i, at man nødvendigvis må
kompromittere sin egen integritet for at have værdi for fæl-
lesskabet.

Nu, da vi har set det, er det helt logisk:

Hvis et barn vokser op blandt voksne, som drager omsorg for dets personlige integritet, griber ind, når de opdager, at barnet oversamarbejder og dermed medvirker til at sikre udviklingen af en sund selvfølelse og en høj grad af egenansvarlighed, så er der, med alt hvad vi ved om børns trang til at samarbejde, ikke noget mystisk i, at dette barn i tilgift udvikler sig til en sensitiv, hensynsfuld og social voksen.

I dag er det sådan, at måske to eller tre ud af hver hundrede voksne mellem 20 og 40 år er i stand til at tage ansvaret for deres eget liv og integritet det meste af tiden. En overvældende del af konflikterne mellem børn og voksne og voksne indbyrdes forløber destruktivt, netop fordi parterne ikke kan (eller ikke vil) tage ansvaret for sig selv og i stedet (mis-)bruger energien på at give hinanden skylden.

Det er formentlig ikke helt tilfældigt, at dødelig eller livstruende sygdom lader til at være en af de mest magtfulde inspiratorer, som kan få os til at trodse al god opdragelse og bogstaveligt talt i løbet af et sekund ændre vores grundlæggende prioriteringer i tilværelsen fra ydrestyret til indrestyret. Den relative sociale velfærd i den industrialiserede del af verden har tilsyneladende medført en vis nonchalance i forhold til tilværelsens eksistentielle dimension, som kun udsigten til døden kan bringe tilbage i focus.

Netop i disse år er mange mennesker bekymrede for det, der opleves som en omsiggribende individualisme, og jeg ved, at mange forældre deler denne bekymring, selv om de på den anden side også gerne vil give deres børn bedre udviklingsmuligheder, end de selv fik og gerne vil understøtte en dimension i børnenes udvikling, som de først selv er kommet i kontakt med efter store personlige omkostninger.

Når man ser på store dele af det politiske liv, den internationale valutaspekulation, metropolernes hastigt skiftende trends, nynazismen og de dominerende mediebilleder, er det ikke vanskeligt at forstå bekymringen. Det samme kunne siges med baggrund i antallet af skilsmisser, bevæbnede skolebørn, voldtægtsstatistikken og selvmordsstatistikken. »Virtual Reality« falder under en vis synsvinkel på et tørt sted.

Der er ikke noget at sige til, at mange mennesker spørger sig selv, om det nu også er godt for børn med »al den frihed«, og virkeligheden reduceres for diskussionens skyld til sine to poler: fundamentalismen og det moralske anarki.

Set på en anden måde har fremhævelsen af det personlige, eksistentielle ansvar som noget fundamentalt sundt i samspillet mellem mennesker intet med de netop beskrevne fænomener at gøre. Eller nogle af dem – antallet af skilsmisser f.eks. – kan højest karakteriseres som overgangsfænomener – en slags kollektivt vokseværk måske?

Hvis vi et øjeblik tænker tilbage på udviklingen i familiens værdigrundlag og specielt tænker på de værdier, der dominerede børneopdragelsen for en menneskealder siden, vil vi se, at idealet var et udvendigt ideal.

»Nu husker du at opføre dig, så andre mennesker kan se, at du har fået en ordentlig opdragelse!«

Det var den besked, jeg og mine kammerater blev sendt ud i verden med, da vi var børn og unge. Den gjaldt netop ikke om at være sig selv eller sig selv bekendt, men om at »opføre« sig, præcis som en skuespiller opfører en monolog. Og som skuespillere havde vi under kyndig instruktion lært de rigtige replikker udenad. Hvem vi selv var, og hvordan vi havde det med os selv, var ganske enkelt ikke vigtigt. Når man fik en julegave, sagde man »pænt tak« og hvis man var skuffet eller ked af det, var det med at skjule det. Først når børn havde lært at skjule »sig selv« og dernæst havde mistet kontakten med sig selv, kunne forældre slappe af i bevidstheden om veludført opdragelse.

Dette værdigrundlag i børneopdragelsen begyndte at ændre sig op gennem 50'erne, hvor vi langsomt lærte at anerkende børn som ligeværdige mennesker med ret til personlig vækst og udfoldelse.

Det betyder, at børns status i løbet af godt hundrede år har undergået en radikal forandring. Først var det en social nødvendighed – som medarbejdere i familien og senere som forsørgere for forældrene. Derefter blev de bl.a. en social manifestation af forældrenes moral, ambitioner og sociale status og nu skal vi pludselig vænne os til, at deres eksistens ikke blot er adskilt fra vores, men også har værdi i sig selv – at børn er enestående og værdifulde eksistenser, bare fordi de er!

Værdigrundlaget har ændret sig fra nogle ydre, sociale værdier til nogle indre, eksistentielle værdier. En del af de forsøg, voksne og børn gør med at omsætte dette nye værdigrundlag til dagligt samvær, må nødvendigvis falde uheldigt ud. For 30 år siden kunne en far med den offentlige morals velsignelse fornægte sin søn, hvis han nægtede at gå i sin fars fodspor. I dag kan vi finde forældre, som er så påpasselige med ikke at krænke deres børns ret til selvudfoldelse, at børnene kommer til at vokse op i et forældreløst tomrum. På samme måde vil nogle mennesker – af forskellige grunde i forskellige kulturer – forveksle selvudvikling med ego-ekspansion.

Jeg mener altså ikke, at vores øgede indsigt i de faktorer, der skaber de sundeste udviklingsmuligheder for mennesker, er en medvirkende årsag til den socialpolitiske udvikling, der i disse år polariserer forholdet mellem mennesker. Det er i det hele taget vanskeligt at forestille sig, at et mere ligeværdigt forhold mellem børn og voksne skulle skabe den type problemer. Uansvarligheden og selvtilstrækkeligheden synes snarere at være karakteristika i den multilaterale, politiske magtkamp.

4.2 Al begyndelse er svær

Det er mere end nogensinde sådan, at de forældre, der gerne vil forsøge at give deres børn en mere balanceret start på tilværelsen, i forskellig grad må eksperimentere sig frem. De personlige erfaringer og kulturelle forudsætninger er end- og meget forskellige fra land til land, mellem land og by og mellem nord og syd. Massekommunikationen via satellit-TV og film spreder ny viden og nye ideer hurtigt og effektivt, men den jord, de skal gro i, er af vidt forskellig beskaffenhed.

I de tidligere østlande, hvor befolkningerne har måttet underkaste sig ekstremt totalitære regimer, er forestillingen om et individuelt, personligt ansvar næsten ophørt med at eksistere. Der har man i mere end et halvt århundrede vænnet sig til, at individet er uden betydning, og at det personlige initiativ er en politisk forbrydelse mod staten. Selve forestillingen om, at man som menneske kan tage ansvar for sit livs kvalitet, forekommer de fleste helt abstrakt. Disse erfaringer fra livet i en totalitær stat er helt parallelle med dem, børn og unge kunne gøre sig i danske familier for blot en generation eller to siden: »Det nytter jo ikke at sige noget«, »Hvad skulle jeg have gjort? Man kunne jo ikke gøre noget!«, »Hvem ville have taget et barn alvorligt?«

I den anden ende af skalaen finder vi USA, som altid har haft det individuelle initiativ som udgangspunkt og drivkraft. Tendensen i amerikanske familier (hvis man overhovedet kan tale om en tendens i så sammensat en kultur) er dog mere modsætningsfuld. På den ene side en kamp for at bevare nogle forældede familieværdier og symboler og på den anden side en livsstil, hvor individualiteten er blevet til ensomhed, og forpligtende følelsesmæssige relationer betragtes som en begrænsning af individets frihed.

Midt imellem finder vi Europa med store forskelle på nord og syd. I Nordeuropa og Skandinavien har den patriarkalske familiestruktur allerede længe været under omkalfatring, og den samme udvikling er ved at tage fart i Sydeuropa, selv om især den katolske kirke kæmper for at fastholde det maskuline overherredømme og børns og kvinders pligt til at lyde og adlyde. Set fra et familieterapeutisk synspunkt er den patriarkalske familiestruktur i syden ofte kun en social og økonomisk realitet. Psykologisk og eksistentielt viser de tilsyneladende mandsdominerede familier sig ofte at være forklædte matriarkater.

Dette kalejdoskop af skiftende værdier og periodisk fravær af værdier stiller moderne forældre over for en lang række svære (og netop meget personlige) valg, som end ikke var en teoretisk mulighed for deres egne bedsteforældre. Hvordan skal man træffe alle de små og store daglige beslutninger, når det »man gør« er blevet så flertydigt. Skal man opsøge nye autoriteter eller stole på sin egen intuition og erfaring? Skal man satse på de humanistiske værdier, verden så tydeligt mangler, eller skal man forsøge at blive så rig som muligt?

Selv om valget er svært og for mange forældre så svært, at de kun magter at flyde med i den mest nærliggende strøm, er det principielt set enkelt nok: Vil vi opdrage vores børn, så de opbygger en solid indre autoritet, som de kan træffe deres egne sociale og eksistentielle valg udfra, eller vil vi lære dem at sætte hele deres lid til en ydre autoritet af politisk, religiøs eller filosofisk karakter? I Skandinavien er vi mest indstillet på den første mulighed og har tillid til, at de som voksne selv vil opsøge de politiske og spirituelle værdier, som også spiller en vigtig rolle for individets og samfundets sundhed. Andre steder i verden ser flertallet anderledes på tingene.

4.3 Forældreansvar og magt

Eksempel

Jacob på 3 år er med sin far på indkøb i byens indkøbscenter. Han går rundt med sin far i hånden, men keder sig lidt. Han slipper derfor faderens hånd og begynder at gå på opdagelse for sig selv. Faderen løber efter ham, tager ham i hånden igen og siger: »Jacob, du skal blive sammen med mig og holde mig i hånden. Husk det!«

Jacob protesterer og forsøger at vriste sin hånd ud af faderens, men han holder fast og går videre med Jacob i hånden.

Jacobs far har brugt sin magt og taget sit forældreansvar, og de fleste forældre vil synes, at han har gjort det rigtige.

På vej ud af centret kommer de forbi kiosken og Jacob spørger: »Far, må jeg godt få en is?« Faderen siger: »Nej, Jacob. Det må du ikke i dag.« »Åh far altså! Jeg ku' lige så godt tænke mig en is. Hvorfor må jeg ikke få en?« »Fordi jeg siger det, Jacob ... og fordi det er mig, der bestemmer!« Jacob prøver igen med samme resultat, giver så op og hænger lidt med hovedet, da de går ud på parkeringspladsen.

Jacobs far har brugt sin magt og de fleste forældre vil synes, at det er i orden.

Da de er kommet hjem fra indkøbsturen, siger faderen: »Så, Jacob, nu skal du ind og sove til middag!«

Jacob protesterer – han vil hellere lege – men faderen insisterer og forklarer Jacob, at han bliver for træt senere på dagen, hvis han ikke sover nu. Jacob bliver puttet i seng og efter at have vendt og drejet sig et kvarters tid, falder han omsider i søvn.

Jacobs far har brugt sin magt og taget sit forælderansvar,

og de allerfleste forældre vil synes, at han har gjort det rigtige.

Jeg er enig med flertallet i de to første episoder, men ikke i den sidste. Den første drejer sig om, at Jacob helt objektivt set skal være ældre og mere erfaren, før han kan finde rundt i et stort indkøbscenter med hundredvis af mennesker og derefter finde tilbage til et mødested på et aftalt tidspunkt. Det handler ikke om Jacobs biologiske eller intellektuelle begrænsninger. Hvis han havde levet på gaden i Rio de Janeiro, ville det være hans mindste kunst at finde rundt på egen hånd. Det handler om vores værdier, som siger, at en 3-årig ikke har godt af at være så meget overladt til sig selv, og at det er forældrenes ansvar at sørge for, at det ikke sker.

For at leve op til dette ansvar, måtte Jacobs far bruge et minimum af fysisk magt. Hans mundtlige besked til Jacob er også i orden. Den krænker ham ikke.

I den anden episode udøver faderen sin økonomiske magt og igen uden at krænke Jacob verbalt.

Den tredie episode er mere kompleks. Hvor den første drejede sig om, at Jacob har brug for en guide i den ydre verden, drejer det sig her om et meget personligt, biologisk behov, som hans far kun kan have en udenforståendes mening om. (Hvis han da ikke er helt upålidelig og bare vil have Jacob af vejen, så han selv kan få fred). Selv om hans mening tilfældigvis er rigtig denne lørdag eftermiddag, opnår han kun én ting: At Jacob får sovet i en time. Et meget kortsigtet resultat.

Men måske er det sådan, Jacobs far opfatter sit forældreansvar: At han skal fortælle sin søn, hvilke behov han har og sørge for, at de bliver opfyldt, så Jacob på den måde lærer, hvad der er bedst for ham. I så fald vil hans ansvarlighed også omfatte en række af Jacobs øvrige behov, som jeg skal vende tilbage til senere. Men lad os se på nogle konsekvenser af, at han tager ansvaret for hans søvnbehov.

For det første vil Jacobs søvnbehov blive ydrestyret. Det kan være behageligt nok for forældrene, så længe han er mindre, men på et tidspunkt omkring puberteten vil de uundgåeligt blive irriterede på ham og fortælle ham, at »det må han sandelig snart være gammel nok til selv at finde ud af«. Jacobs reaktion vil være vrede og forvirring: Nu har han brugt 13 år på at lære at sove, når hans forældre synes, han trængte til det, dvs. han har anstrengt sig for at samarbejde og blive »rigtig«. Når det endelig er lykkedes, fortæller de ham, at han er »forkert«.

For det andet vil forældrene opleve et stigende antal konflikter med deres søn, efterhånden som han vokser op. I heldigste fald vil han begynde at »plage« om at få lov til at være sent oppe, og forældrene vil enten insistere eller give efter, nogenlunde som vinden blæser, eller også vil de lave nogle faste regler »Så er der ikke noget at diskutere!« I mange familier bliver det værre. Det udvikler sig til en daglig kamp omkring sengetid – en kamp der ikke bliver mindre energikrævende, hvis Jacob får en lillesøster, der insisterer på at komme i seng samtidig som ham.

Konflikterne er ikke bare anstrengende for begge parter. De fortæller Jacob, at han er til besvær for sine forældre, når han forsøger at være tro mod sig selv og dermed lærer han et princip, som vil blive destruktivt for ham i ethvert senere kærlighedsforhold: *for at blive elsket, må man svigte sig selv!*

Nogle børns modtræk mod dette princip er at blive trodsige, og hvis det udvikler sig til et personlighedstræk, ender de med både at tage afstand fra andres krav og deres egne behov. Overlevelse kommer til at handle om, at man i hvert fald ikke gør, hvad andre synes, man skal. Trods er ikke en medfødt attitude, det er en overlevelsesstrategi, som børn kun udvikler, når deres selvfølelse er i fare i familien.

Hvad er alternativet? Hvad kan Jacobs far gøre, hvis han virkelig mener, at drengen trænger til en middagssøvn?

129

Han kan simpelthen sige det til Jacob: »Jacob, hør her. Jeg tror, du trænger til at sove en times tid. Hvad tror du?« Jacob vil sandsynligvis svare på én af følgende måder:

- Jamen ikke lige nu. Jeg vil lege først.
- Jeg er ikke søvnig i dag.
- Nej! Jeg skal lege med biler!

Hvortil faderen kan sige:

- OK, så leg du bare, indtil du bliver søvnig.
- Jeg tror nu, du er søvnig, men du skal selvfølgelig kun sove, hvis du selv synes, du er det.
- Ja, jeg kan godt se, de står lige klar til at blive leget med. Jeg ved, hvad jeg trænger til – jeg trænger til at sidde stille en halv time og læse min avis.

Men hvad så, hvis Jacob bliver pivet og besværlig sidst på eftermiddagen? Så kan hans far nøjes med følgende konstatering: »Du begynder at blive træls at være sammen med Jacob. Måske skulle du alligevel have sovet.« I en kort periode må forældrene bære det besvær, der er forbundet med at have et besværligt barn omkring sig. Anstrengelsen er væsentligt mindre og mindre destruktiv for begge parter end anstrengelsen ved evige konflikter. Hvis de er begyndt på denne måde, fra Jacob var spæd, vil de allerede i 1½-2-årsalderen opleve det privilegium, det er, når Jacob helt på eget initiativ meddeler, at nu vil han sove. De fleste dage vil han opfylde sit søvnbehov, og andre dage vil han sove for lidt, nøjagtigt som sine forældre.

Men endnu vigtigere: han vil være i fuld gang med at udvikle sin selvfølelse og egenansvarlighed, og han vil som voksen kunne stifte familie med en værdifuld erfaring: *andre menneskers personlige behov er ikke til for at genere mig, og jeg er ikke forkert, fordi mine behov er anderledes, end de andre forestiller sig. Det er i orden at udtrykke sine behov og det er i orden at tage fejl af og til.*

Ikke nogen ringe ballast at give sine børn med ud i verden.

Den ovenfor skitserede udveksling mellem Jacob og hans far er også på et andet plan mere end blot en akut konfliktløsning. Den er et lille praktisk eksempel på en gensidig læreproces, hvor Jacobs far får lejlighed til at opdage og sætte sine egne grænser og dermed praktisere sit personlige ansvar. Den mulighed går han glip af, hvis han kun udøver sin magt ved enten at bestemme i situationen: »Du skal sove til middag, fordi du er træt – og dermed Basta!« eller ved at lave regler: »Du ved udmærket godt, at du skal sove til middag hver dag!«

Hvis magten tages i anvendelse, lærer Jacob kun at bøje sig for magten eller at bekæmpe den, og hvad vigtigere er, han får ikke nogen voksen rollemodel for, hvordan man formulerer og forhandler sine behov i en familie og tager ansvaret for sig selv, ligesom han ikke får udviklet sit personlige sprog. I stedet for at være værdifulde og udviklende for hinandens liv må Jacob og hans far – ligesom i matador – rykke tilbage til start.

4.4 Børns personlige ansvar

Men hvad betyder det, at børn skal have mulighed for at tage det personlige ansvar for sig selv, og hvilke områder af deres liv er omfattet af dette ansvar?

De områder af børns liv, som fra begyndelsen er omfattet af det personlige ansvar, er:

Sanserne:
– hvad smager godt og hvad smager ikke godt
– hvad dufter/lugter hvordan
– hvad føles koldt, varmt etc.

Følelserne
- glæde, kærlighed, venskab, vrede, frustration, sorg, smerte, lyst etc. og i forhold til hvem og hvad.

Behov:
- sult, tørst, søvn, nærhed, afstand.

Og senere:
- fritidsinteresser
- uddannelse
- påklædning og udseende
- religion.

Men hvad vil det sige, at børn skal have mulighed for at tage ansvar for disse områder af deres fysiske, følelsesmæssige og intellektuelle eksistens? Betyder det, at de altid selv skal bestemme? At de altid skal have deres vilje? At de bare skal gøre lige, hvad de har lyst til?

Disse spørgsmål melder sig naturligt nok, så længe de fleste voksne stadig kommer fra familier, som baserede deres børneopdragelse på de gamle værdier. Så længe det er tilfældet, vil ligeværd umiddelbart blive forstået som »frihed« i modsætning til den »ufrihed«, forældre selv har oplevet i deres opvækst, og det er derfor nærliggende at se forældre-barn relationen som en magtkamp. Netop som en kamp om, hvem der bestemmer, og hvem der skal have sin vilje. Om magtkampen så føres udelukkende på de voksnes betingelser eller i demokratisk regi, er for så vidt ligemeget, fordi magtkamp jo stadig er en kamp om magten, og derfor netop ikke handler om Jacobs lyst til at lege eller hans fars behov for hvile. Magtkampen mellem forældre og børn er en blindgyde, hvor ingen af parterne får, hvad de har brug for.

Hvis man vil tage vare på sin egen og sine børns integritet,

støtte udviklingen af deres selvfølelse og sikre sig, at de ud-
vikler en høj grad af personlig og social ansvarlighed (og de
3 begreber: *Integritet, selvfølelse* og *ansvarlighed* hænger
uløseligt sammen), må et nyt begreb inviteres ind i famili-
en: *at tage alvorligt*; dvs. at tage både sig selv og barnet al-
vorligt.

Selv om dette begreb består af 3 helt almindelige danske
ord, er det ikke så enkelt at definere som f.eks. det at give
nogen »ret«. Hvis Jacob vil lege med biler, og hans far siger
»ja«, så har Jacob fået ret. Det kan man læse sig til i den fore-
gående sætning, fordi vi kun behøver ordene for at se, hvem
der fik ret. Når vi taler om at tage et andet menneske alvor-
ligt, er ordene ikke nok i sig selv. Ofte må vi også have mu-
lighed for at høre »musikken« eller tonefaldet for at afgøre,
om den anden nu også blev taget alvorligt eller f.eks. bare
blev snakket efter munden.

At tage et andet menneske alvorligt indeholder flere kva-
liteter:

- at anerkende den andens ret til at have det behov, den
  lyst, den oplevelse, de følelser og det udtryk, som han nu
  har
- at kunne se den andens behov, lyst etc. fra hans side, så-
  dan som han er og tænker
- at koncentrere sig om hans udtryk med det formål at
  lære hans virkelighed at kende og ikke for at samle bevi-
  ser imod ham eller hans ønske
- at svare på hans udspil med sin forståelse af det og med at
  tage sin egen position alvorligt.

Eksempel:
Scenen er afdelingen for børnetøj i et stormagasin. Der er
udsalg, mange mennesker og en lang kø ved kassen – der-
iblandt to mødre med klapvogne.

133

En lille pige på ca. 4 år kommer hen til den mor, som står først i køen (mor »A«), men med 6 andre kunder mellem sig og ekspedienten ved kassen.

Pigen stiller sig op ved siden af moderen, hiver hende i armen og siger med en anelse gråd og desperation i stemmen: »Moar! Jeg gider altså ikke være her mere. Hvorfor skal vi ikke snart hjem? Jeg gider altså ikke mere!«

Moderen vrister sig løs af datterens hånd, tager hende med et fast greb i overarmen og siger aggressivt: »Nu holder du op! Du bliver her, indtil vi er færdige! Kan du forstå det!«

Da datteren gør mine til at svare, forsøger moderen at løfte hende op i klapvognen, men pigen lader sig falde om på gulvet, gør sig stiv og protesterer vildt. Møjsommeligt og indædt får moderen hende løftet op, men pigen har gjort sig så stiv i kroppen, at hun umuligt kan få hende ned i klapvognen. Moderen bliver desperat og siger, lavmælt og hvislende: » Nu kan det være nok med dig, din dumme tøs. Nu sætter du dig ned eller også ...«

I samme sekund ændrer pigens gråd sig fra frustreret, grådkvalt protest til dyb gråd og hun bliver helt slap i kroppen, så moderen uden besvær kan få hende anbragt. Pigen fortsætter med at græde stille, indtil moderen får betalt og forlader afdelingen.

5 minutter senere kommer en pige på omkring 4 år hen til sin mor, som står længere tilbage i køen (mor »B«), og siger: »Mor, det er ikke rart at være her mere ... kan vi ikke snart gå?«

Moderen svarer venligt: »Nej, du har ret. Det er faktisk dødubehageligt med den varme og alle de mennesker. Jeg skal lige betale, før vi kan gå, så kan du ikke hænge de der sokker op igen sammen med Trine?« (hun peger på en bunke børnesokker, som er faldet ned fra et stativ, og på lillesøsteren).

Pigen henter sin lillesøster og sammen hænger de sokkerne på plads. Da de er færdige, kommer de tilbage til moderen. Den lille sætter sig op i klapvognen og den store beder om sin sut.

Forskellen på de to episoder kan både beskrives overordnet og detaljeret. Overordnet sagt tager mor »B« sin datter alvorligt, og det gør mor »A« ikke. I håb om at forebygge, at nogle læsere skulle føle sig fristet til at se dette som en ny »metode«, vil jeg i det følgende gennemgå de to episoder mere detaljeret i forhold til de begreber, jeg indtil nu har præsenteret.

Mor »A«:

Pigen henvender sig til sin mor i et sprog og et tonefald, som afslører, at hun ikke er vant til at blive taget alvorligt. Hun er defensiv og klagende, hvilket for en overfladisk betragtning får hende til at lyde selvoptaget og irriterende, men i virkeligheden bare fortæller, at hun allerede som 4-årig har lært, at hendes ønsker og behov er uvæsentlige og/eller generende for hendes mor. Hun kæmper fortsat for at føle sig værdifuld, men taber oftere, end hun vinder.

Moderens svar bekræfter endnu en gang dette tab. Hun er heller ikke vant til at blive taget alvorligt og er ude af stand til at se sin datters behov som andet end generende for hendes egne. Resultatet er en magtkamp, hvor pigens fysiske og psykiske integritet krænkes. En magtkamp, som moderen ganske vist vinder, men som de begge taber i den forstand, at ingen af dem får, hvad de gerne vil have. Pigen mister endnu lidt selvfølelse og lidt af sin tillid til andre mennesker; moderen mærker endnu en gang sin lave selvfølelse og mister endnu lidt af tilliden til sig selv som mor, og deres indbyrdes forhold bliver endnu en tand dårligere.

Kun fremtiden kan vise, om pigen bliver så knækket, at hun bliver sød og føjelig i nogle år, eller om hun begynder at krænke sin mor med samme desperate brutalitet. Hvis denne episode havde fundet sted for 30-40 år siden, ville hun have været nødt til at tilpasse sig. Først som voksen ville det destruktive i hendes opvækst vise sig i hendes adfærd og psykiske velbefindende. I dag vil hun med stor sikkerhed begynde at opføre sig voldsomt selvdestruktivt senest omkring puberteten.

Mor »B«:
Hendes datters henvendelse afslører, at hun kommer fra en familie, hvor det er i orden at udtrykke sine ønsker og behov, og hvor man kan regne med at blive taget alvorligt. Moderens svar bekræfter dette. Hun ved, at børn helst vil samarbejde og har brug for at føle sig værdifulde. Hun løser derfor deres fælles dilemma ved at bede pigen om at gøre noget nyttigt i den nødvendige ventetid. Datteren får ikke det, hun helst vil have, men hun får en bekræftelse på, at hun er i orden – selv om hendes behov kommer på tværs af moderens situation – og hendes tillid til andre mennesker øges endnu en smule. Til slut sætter hun kronen på værket ved selv at tage ansvaret for sit velbefindende i den nødvendige ventetid.

Spørgsmålet om mor »B« er en bedre mor end mor »A« er efter min mening uinteressant. Begge mødre gør i situationen det bedste, de har lært og det er meningsløst at give dem karakterer. Det væsentlige i denne historie er, at mor »A«s forhold til sin datter er pinefuldt for dem begge, og at der faktisk findes en vej ud af denne smerte, som kan læres.

Ingen af de to børn i ovenstående eksempel fik, hvad de ville have; ingen af dem fik »ret« eller fik deres »vilje«, men den ene blev taget alvorligt, og den anden blev det ikke. Mor »B« tog både sin datters og sit eget behov alvorligt, anerkendte dem som ligeværdige og tog det overordnede forældreansvar for, at konflikten blev håndteret således, at ingen blev krænket.

Det der adskiller mor »B« fra fortidens forældre er, at hun *demonstrerer* både personlig og social ansvarlighed i stedet for at *belære* sin datter om det. Hun bliver en model, som datteren kan samarbejde med i stedet for en autoritet, der underviser i noget, som hun ikke selv praktiserer.

For et par generationer siden ville belæringen have lydt nogenlunde sådan:

– Nej, min pige. Nu skal du være stille. Når man går i butikker, må man pænt vente, til det bliver éns tur. (Den sociale belæring om hvordan man opfører sig).

I den demokratiske familie nogenlunde sådan:

– Nej, det kan ikke lade sig gøre. Jeg kan godt forstå, hvis du er træt, men du kan nok se, at der er mange mennesker, der skal til, før det bliver mors tur. Har du set de fine kjoler, der hænger derhenne? (Forståelsen, den saglige forklaring og den pædagogiske afledningsmanøvre).

Ingen af de to her citerede forældre siger noget forkert eller krænker deres børn direkte. Indirekte får begge børn derimod et budskab, der siger, at deres følelser og behov er underordnede og uden større betydning for deres forældre. I det første tilfælde ignoreres de, og i det andet tilbydes underholdning som kompensation. I begge tilfælde tilskyndes børnene til at tage forældrenes virkelighed alvorligt, uden at forældrene tager deres alvorligt.

Hvis vi et øjeblik vender tilbage til mor »B«s måde at tage sin datter alvorligt på, har vi en situation, som ikke er en enten/eller situation (dvs. enten retter jeg mig efter dig, eller også retter du dig efter mig). Her lærer pigen, uden at blive belært og samtidig med at hun bliver taget alvorligt, at man må vente, når man står i kø. »Opdragelsen« i de ovenfor citerede eksempler er helt enkelt overflødig.

Oplevelsen af at blive taget alvorligt er som nævnt ikke en konkret oplevelse, men en »musikalsk« oplevelse, og derfor har børn svært ved at forklare sig, når det er det, de mangler i deres familie.

Når velformulerede børn med fleksible forældre forsøger at forklare det, vil de ofte formulere det som:

- Min far og mor bestemmer alting.
- Jeg må aldrig selv bestemme noget.

Begge udsagn er ofte objektivt forkerte, men meget få børn kan formulere deres oplevelse af »musikken« (dvs. processen) i deres familie. De kan bedre sætte ord på resultatet.

Mindre veltalende børn fra mindre fleksible familier er henvist til symptomatisk adfærd: De bliver rethaveriske, evigt plagende og krævende, millimeterretfærdige eller magtbegærlige og styrende. Det gør det endnu sværere for omgivelserne at forstå deres dilemma, fordi deres adfærd og sprog i udpræget grad handler om konkrete ting.

Det personlige sprog

For at kunne tage ansvaret for os selv i forhold til andre mennesker uden at afskære eller komplicere kontakten med dem, må vi have et personligt sprog. Et sprog som kan udtrykke vores følelser, reaktioner og behov og sætte vores grænser. Det personlige sprog er det første sprog, børn begynder at tale, uanset om deres forældre har et personligt sprog, men forældrene og andre voksne er nødvendige, for at barnets personlige sprog kan udvikles.

Grundstammen i det personlige sprog er:

- Jeg vil; jeg vil ikke.
- Jeg kan lide; jeg kan ikke lide.
- Jeg vil have; jeg vil ikke have.

I den gamle, autokratiske familie var det personlige sprog forbudt og forældrene gjorde sig store anstrengelser for, at børnene i stedet lærte at »tale pænt«.

Ud over fremmedsprog er der flere, meget forskellige sprog, vi kan lære at tale igennem vores opvækst, skolegang og uddannelse, f.eks.:

- Det sociale sprog, som er meget velegnet til almindelig social omgang, hvor det er vigtigt at være høflig, ikke alt for direkte og med vide rammer for det personlige engagement.
- Det akademiske sprog, som er velegnet til at beskrive og analysere faglige og videnskablige problemstillinger.
- Det litterære sprog, som er vigtigt for skrivekunsten.

Det fælles for disse sprog er, at ingen af dem slår til i forhold til at udtrykke, bearbejde og løse personlige og mellemmenneskelige konflikter. Vi kan »snakke« eller »sladre« om dem i det sociale sprog, hvilket kan medføre en vis lettelse, men aldrig en forløsning. Psykologien kan med sit akademiske fagsprog analysere og beskrive vores konflikter og problemer, men ikke løse dem. Nogle forfattere kan efter sigende »skrive sig ud af problemerne«, men det er ikke de ord og sætninger, der står i deres bøger, der frigjorde dem. De er blot helbredelsesprocessens litterære monument.

Op igennem de sidste 25 år er der i tilknytning til psykologien og psykoterapierne opstået en slags quasi-personligt sprog, som er karakteriseret ved, at man »taler om sine følelser«. Ved hjælp af dette sprog kan man i en vis udstrækning beskrive sig selv for andre, men det mangler også det personlige sprogs frigørende og kontaktuddybende kraft. Udsagn bliver kun yderst sjældent personlige af, at de f.eks. begynder med sætningen: »Jeg føler ...«.

Jeg skal senere vende tilbage til det personlige sprogs betydning for de voksnes indbyrdes konflikter og for det, vi kalder »at sætte grænser« for børn. Børns personlige sprog er til en begyndelse mere umiddelbart og »råt« end voksnes. Det giver et præcist billede af barnets øjeblikkelige væren, men inkluderer ikke omgivelsernes. Det sker først, når børn i løbet af nogle år har fået tilpas mange personlige tilbagemeldinger fra forældrene og tilstrækkeligt ofte har oplevet, at deres personlige udsagn er blevet taget alvorligt.

Den kortest mulige, personlige udveksling ser således ud:

- Jeg vil ikke i seng nu.
- Jeg vil have, at du går i seng nu.

I stedet for:

- Nu skal du være sød og gøre, hvad far siger!
- Ikke noget vrøvl med dig. Du går i seng, når du får besked på det. Basta!

Eller:

- Jeg kan ikke lide løg.
- Aha! Jeg kan godt lide løg. Jeg synes, du skulle prøve.

I stedet for:

- Sikke noget pjat! Du plejer da godt at kunne lide løg.
- Nu skal du ikke være kræsen, min lille ven! Du spiser det, der er på din tallerken ligesom vi andre.

Når det personlige sprog får mulighed for at udvikle sig i en atmosfære som denne, bliver børnene ikke krænket og de lærer at sætte deres egne grænser uden at krænke andre.

- Jeg vil ikke have, at du leger med min computer!

I modsætning til:

- Hvorfor skal du altid være så dum og irriterende, din lille møgunge!

Børns personlige udtryk hjælper både dem selv og omgivelserne med at lære, hvem de er. Det klassiske, opdragende modspil fra forældre fortæller kun børnene, hvem de burde være og øger forældrenes uvidenhed om, hvem deres børn er.

4.5 Ansvarlig, men ikke alene

Børn er i stand til at markere deres personlige ansvarsområde og integritet fra fødslen.

- Spædbarnet, som ikke er sultent, kan vende hovedet væk fra brystet eller gylpe.
- Spædbørn, der fryser, har det for varmt eller er våde, kan gøre omgivelserne opmærksomme på det.
- Små børn kan opsøge mennesker, de føler sig tiltrukket af og afvise mennesker, de føler sig frastødt af.
- Små børn kan vælge tøj, som svarer til deres sindsstemning, men ikke altid til vejret.

Listen over børns kompetence på dette område er endog meget lang, men det vigtigste i denne sammenhæng er at gøre opmærksom på to forhold:

1) Børn kan ved hjælp af lyde, motorik og sprog markere deres grænser, men de kan ikke forsvare dem mod manipulation og overgreb fra større børn eller voksne. De er derfor helt afhængige af omgivelsernes evne og vilje til at anerkende deres kompetence og ret til at udøve et personligt ansvar.
2) Børn ved – populært sagt – hvad de har lyst til, men ikke altid hvad de har brug for, og deres markering af lyst el-

ler ulyst er derfor at betragte som et udspil til en dialog med omgivelserne. Børn kan med andre ord markere deres selvansvarlighed, men de kan kun undtagelsesvis udvikle den alene og i så fald med store omkostninger. (se s. 169)

Begge disse forhold gør, at børn og unge har brug for voksne som sparringspartnere, men vel at mærke for sparringspartnere, som er troværdige – dvs. tro mod sig selv, og åbne – dvs. parat til at anerkende, at mennesker oplever virkeligheden forskelligt.

– Far, jeg fryser!
– Gør du det? Jeg har det lige tilpas ... Sig til, hvis du vil have mere tøj på?

Og ikke:

– Sikke noget pjat. Det er overhovedet ikke koldt. Se bare på mig, jeg har da også kun T-shirt på.
– Mor, jeg kan altså ikke li' vores nye dansklærer.
– Aha ... det overrasker mig. På mig virker hun helt fin ... Hvad er det, du ikke kan li'?

Og ikke:

– Hvad er der nu i vejen med hende? Det er vel ikke fordi, hun bare er dygtig og vil ha' orden i tingene, hva'!
– Mor, du ved godt til festen på lørdag, ikke ...? Jeg har tænkt, at jeg vil ha' den grønne på ... kan jeg godt gå i den?
– Du ser godt ud i den grønne, men jeg kan bedre li' den hvide.

Og ikke:

– Overdriver du nu ikke alt det pynteri! Du har jo så meget pænt tøj, at det ikke betyder alverden, hvad du tager på.

Hvad er der i vejen med de voksensvar, jeg her har stemplet som uhensigtsmæssige?

Der er det i vejen, at de diskvalificerer barnets/den unges oplevelse, og at de er ude på at opdrage. De siger: »Du burde ikke føle og opleve, som du gør. Du skulle hellere føle og opleve, som jeg gør.«

Men hvad så med den opdragende del? Måske er den første mor alvorligt optaget af, om hendes søn nu også kan værdsætte kompetente lærere, når han møder dem, eller måske synes hun, at han tager for let på sin skolegang. Det er vel legitimt nok? Og vigtigt? Måske er den anden mor bekymret for, at hendes datter skal udvikle sig til en regulær pyntedukke. Det er vel også vigtigt?

Ja, hvis det er vigtigt for forældrene, så er det per definition også vigtigt for deres fællesskab med børnene. Problemet er timingen og formen. Hvis forældrene har vigtige ting at snakke igennem med deres børn, er det afgørende, at de selv vælger tid og sted for netop den samtale, så de giver sig tid til at få sagt alt, hvad de har på hjerte og dermed har taget sig selv alvorligt. I modsat fald gør det hverken indtryk eller bliver taget alvorligt. Det har med andre ord ikke den opdragende effekt, forældrene ønsker.

De her citerede forældre vælger en form, der som nævnt diskvalificerer børnenes oplevelse og dermed får dem til at føle sig forkerte eller dumme. Denne oplevelse gør i sig selv, at det, forældrene har på hjerte, går til spilde. Al pædagogisk erfaring siger, at mennesker, der føler sig dumme eller forkerte, ikke kan lære noget.

Eksempel:
Lilly er 16 og hendes kæreste Frank er 18 år. De har kendt hinanden i nogle måneder, da Lilly en dag kommer hjem fra skole og siger: »Mor, Frank og jeg har snakket om, om I vil være med til, at jeg sover nede hos ham i weekenden?«

143

Hvis vi ser bort fra de kulturer, hvor end ikke spørgsmålet er muligt, hvad skal denne mor så svare? Vi ved, hvad hendes datter har lyst til, men ved hun også, hvad hun har brug for? Hun spørger ikke bare, fordi hun har lyst til at elske med sin kæreste. Det kan hun gøre på alle mulige andre tidspunkter og steder uden sine forældres tilladelse. Hun spørger af to grunde: Fordi hun har lyst til at elske med sin kæreste og gerne vil have, at hendes forældre ved, at hun gør det – og fordi hun har brug for at vide, hvad hendes mor tænker og føler i den anledning. Hun vil, sagt på en anden måde, gerne fortælle sin mor, hvem hun er nu – og hun vil gerne vide, hvordan moderen forholder sig til, hvem hun er nu.

Hun har altså ikke brug for opdragelse – dvs. for at blive belært om seksualitet, prævention, AIDS eller kirkelig moral. Hun har brug for en tilbagemelding, der er lige så åben og personlig som hendes udspil (hvis målet vel at mærke er at styrke udviklingen af hendes selvfølelse og personlige ansvarlighed og at bevare og uddybe kontakten imellem mor og datter):

– Pyha! Lige nu ved jeg slet ikke, hvad jeg skal sige til dig. Jeg har mest lyst til bare at sige »NEJ NEJ NEJ!« Jeg ved jo godt, at du faktisk er 16, men i mit hjerte er du kun ca. 10 endnu ... ku' du ikke vente en 15-20 år, bare for min skyld? Det mener jeg selvfølgelig ikke, men når du spørger mig nu, så ved jeg slet ikke rigtigt, hvad jeg skal svare ... ka' jeg ikke lige tænke lidt over det og snakke med far først, så skal jeg nok sige, hvad jeg synes?

I denne udgave har Lilly ikke fået et direkte svar på sit spørgsmål, men hun har fået noget meget bedre: Hun har fået en åben, ærlig og meget personlig udgave af sin mor. Og det er, hvad hun har mest brug for i første omgang. Så

144

er der etableret kontakt, og hvis det skulle vise sig, at hun har brug for oplysning og vejledning eller selv oplever et moralsk dilemma, så er døren åben imellem dem.

– Det kan jeg godt sige dig Lilly: Det synes jeg ikke, du skal! Jeg har jo set, hvor glad du er for Frank, så jeg har haft lidt tid til at forberede mig på det her. Jeg skal ikke bestemme, hvem du kommer sammen med, men jeg bliver nødt til at sige, at Frank i mine øjne ikke er den fyr, jeg helst så dig sammen med. Jeg siger det ikke for at forbyde dig noget, men når du spørger om min mening, så er det sådan den er.

Dette svar har de samme kvaliteter (minus humor) som det første. Lilly ville formentlig have foretrukket, at hendes mor var glad for hendes forhold til Frank, men sådan ser realiteterne altså ikke ud. Både Lilly, moderen og deres indbyrdes forhold er langt bedre tjent med dette svar end med et udflydende, ikke-konfronterende:

– Det ved jeg sandelig ikke Lilly. Du er jo glad for Frank ... det må du selv beslutte ... hvad synes du selv? (Spørgsmålet om at give lov eller forbyde teenagere ting vil blive behandlet i et senere kapitel).

Den personlige tilbagemelding er den eneste form for kommunikation, der sikrer, at børns personlige ansvarlighed udvikler sig nuanceret, samt at kontakten og fællesskabet bevares og udvikles. Alle andre former for feedback: saglig, moralsk og social belæring, værdidomme og ligegyldighed er destruktive for alle 3 områder. De fører enten til ydrestyring og forsømmer dermed udviklingen af selvfølelse og personligt ansvar, eller til isolation »I do my own thing!« og mindreværd.

Derudover er der en sidegevinst ved de personlige tilbage-meldinger: De minder hele tiden børn og unge om, at der findes andre mennesker, andre holdninger og andre ople-velser af virkeligheden, og dermed er de med til samtidig at udvikle deres sociale ansvarlighed.

Vælger man at arbejde på et mere ligeværdigt forhold til børn og unge, vil deres markering af personlige græn-ser/personligt ansvar for mange voksne være en daglig ud-fordring til at finde sine egne ben og til at gå et spadestik dy-bere end de mere automatiske holdninger og reaktioner. Det betyder en kvalitativ bevægelse i den voksnes bevidst-hed fra: »Man gør da ikke ...«, »alle andre siger da også ...«. »I vores familie har vi altid ...« o.l. – henimod et mere auten-tisk samvær med familiens børn og voksne.

Det betyder en gradvis afsked med det, jeg kalder »den automatiske forældretelefonsvarer«, som automatisk går i gang med at udsende opdragende, vejledende og hjælpsom-me kommentarer, så snart et barn kommer inden for høre-vidde. Nu er det sådan med den automatiske forældretele-fonsvarer, at de allerfleste børn allerede i 3-årsalderen holder op med at høre efter, hvad den sender ud i æteren, og at de fleste voksne heller ikke kan huske, hvad de selv har ladet den sige bare 5 minutter tidligere. Og det er godt nok. Kvaliteten af det, den siger, er mildt sagt svingende og be-står af et usorteret sammensurium af udsagn, som stammer fra flere generationer af forældre tilsat løse brokker, som vi tilfældigt har samlet op.

Det betyder imidlertid ikke, at den er uskadelig. Det er den langtfra. Selv om det, den siger, kan være harmløst nok, sætning for sætning, så udsender den et destruktivt bud-skab mellem linierne; jo oftere båndet kører, jo tydeligere budskabet er: »Du ville ikke kunne fungere som et anstæn-digt/ansvarligt/velopdragent/samarbejdsvilligt barn, hvis jeg ikke hele tiden mindede dig om, hvordan man gør!« Eller som forældre i min barndom udtrykte det, »Du kan vel nok være glad for, at du har os! Hvad skulle der ellers blive af dig?«

Børns evne til at udtrykke og praktisere deres egenansvarlighed øges med alderen. Det samme kan ske med de voksnes, når de er åbne for barnets kompetence og indad mod sig selv.

4.6 Ansvar eller service

For ikke så mange år siden var det ofte sådan, at børn forventedes at udfylde en række servicefunktioner i familien som en slags tak for forældrenes kærlighed og opdragelse. »De behandler deres hjem, som om det er et pensionat«, var forældres typiske beskrivelse af de utaknemmelige, der ikke ville påtage sig de praktiske pligter og gøremål, forældrene anså for passende.

I løbet af de sidste 10-15 år er der kommet en gruppe forældre, som nærmest griber sagen modsat an, idet de i vid udstrækning varter deres børn op. Det ser kærligt og omsorgsfuldt ud, så længe børnene er små, og udvekslingen er harmonisk, men senest i 3-4-årsalderen holder disharmonien sit indtog. De voksnes frustration stiger i takt med børnenes urimelige og ofte absurde krav. Når det går værst, ender forældrene i en tilstand af permanent, frustreret udmattelse og børnene bliver skingrende usociale og ulidelige at være sammen med.

Fagfolk har forsøgt at beskrive børnene i disse familier med forskellige »diagnoser«: Den nye børnekarakter, De små tyranner o.l. Først efter nogle år rettede man opmærksomheden mod forældrene og begyndte at interessere sig for, hvad de gør og hvorfor, siden deres børn i den grad kommer ud af balance.

Jeg har altid syntes, at det var spændende at arbejde sammen med disse forældre, der hvor jeg har mødt dem rundt omkring i Europa, fordi de på en måde udgør en slags front-løbere i den udvikling af forholdet mellem forældre og børn, som er ved at ske.

Forældrene er ofte meget bevidst om deres forhold til børnene. De har gjort sig mange tanker om børn, opdragel-se m.v. og har generelt taget afstand fra fortidens forældre-tyrani. Altså typisk såkaldt moderne forældre, som gerne vil lægge en klar distance til den måde, de selv er blevet op-draget på. Fænomenet findes også i familier, hvor forældre-nes tankegang ikke er så klar, men mere præget af usikker-hed og magtesløshed.

Det, der går galt i disse familier, handler i sin essens om personlig ansvarlighed. Forældrene har i deres egen op-vækst oplevet, hvor frustrerende og nedværdigende det var, at de voksne bestemte alting – det der i barnets bevidsthed og sprog sætter sig som en erindring om aldrig at kunne få eller gøre, hvad det havde lyst til.

Det kan handle om mad f.eks.: At man som barn altid skulle spise noget til morgenmad, som man ikke kunne lide; at man altid blev kritiseret for at være sulten mellem måltiderne; at man altid skulle spise op, selvom man var mæt. Eller det kan være, fordi man altid blev kritiseret for at have lyst til noget: »Man kan ikke få alt, hvad man peger på!«; »Ha', ha' ha' – altid skal du bare ha' noget! Tænker du da aldrig på, at vi andre også skal være her, barn?« – »Næh, hør nu her: Du har næsten lige haft fødselsdag, og snart er det jul. Du må da kunne forstå, at vi også skal spare engang imellem!« – »Det hedder ikke: »Jeg vil ha'« – det hedder: »Be' om!«

Forældrene kommer derfor naturligt nok til den konklu-sion, at et fornuftigt alternativ må være at give børnene, hvad de har mest *lyst* til, når det overhovedet er muligt. Det er en nærliggende måde at forstå kærlighed og omsorg på, selv om det altså hverken virker kærligt eller omsorgsfuldt. Det er, som så meget andet i børneopdragelsens historie, blot kærligt ment.

Det handler som nævnt om det personlige ansvar – barnets og forældrenes. Som tidligere omtalt ved børn, hvad de har lyst til, men ofte ikke hvad de har brug for. Hvis børnenes lyst bliver forældrenes vigtigste rettesnor, får børnene ganske enkelt ikke, hvad de har brug for. De bliver forsømt, og da udvekslingen lyst-service er den, forældrene har lært dem at forstå som kærlighed og omsorg, optrapper de deres krav om service i takt med at smerten over at blive forsømt stiger. De samarbejder!

Dialogen mellem børn og forældre mangler i disse familier. I deres iver efter at være omsorgsfulde og ikke-autoritære overser forældrene deres egne behov og deres egen integritet, og børnene får derfor aldrig et personligt modspil. De får ikke mennesker af kød og blod at forholde sig til, men kun »ja« eller »nej« til serviceydelser. I det lange løb findes der ikke personligt nærvær uden personligt ansvar.

Voksne kender dette fænomen fra deres egne kærlighedsforhold. Det kan være dejligt at blive vartet op med mellemrum – og især hvis det går lidt på skift. Men hvis man lever sammen med en partner, som hele tiden har antennerne ude efter ens egne behov, følelser og stemninger og aldrig manifesterer sine egne, ender man med at blive meget ensom og – meget frustreret! Det kan være vanskeligt nok for en voksen at gå til sin partner og sige: »Hør her ... jeg ved godt, at du vil give mig alt, hvad jeg beder om, men jeg får aldrig det jeg har mest brug for: *dig!*« – For et barn er det umuligt.

Børn i den situation kan kun komme til én smertelig konklusion: Når mine forældre vil give mig alt, hvad jeg beder om, og jeg alligevel hele tiden savner noget, så må det være mig, der er forkert.

Samme konklusion kommer forældrene uundgåeligt til: Vi giver dem alt, hvad vi overhovedet har mulighed for og kræfter til, og alligevel udvikler de sig disharmonisk. Vi må være nogle dårlige forældre!

Det er en af de mest eksplosive og destruktive blandinger, vi kender til mellem børn og forældre: To parter som hastigt mister selvfølelse og selvtillid og i samme takt udvikler aggression og skyldfølelse.

Der findes en vej ud af denne problematik. Den er enkel og samtidig svær, og den begynder med to altafgørende, indledende skridt:

Det første skridt, forældrene må tage, er at tage det fulde ansvar for, at tingene har udviklet sig destruktivt. De må sætte sig ned sammen med børnene og formulere deres egen udgave af følgende: »Vi er kede af, at I har det dårligt, at vi har det dårligt, og at vi har det dårligt med hinanden. Vi vil gerne fortælle jer, at det er vores skyld. Vi har altid troet, at vi gjorde det allerbedste for jer, når vi gav jer det, I ville have, men nu kan vi se, at vi tog fejl. Vi var så ivrige efter at gøre jer glade og tilfredse, at vi glemte os selv. Vi kan godt se nu, at det var forkert, og det vil vi lave om på fra nu af. Det bliver ikke nemt for os – og sikkert heller ikke for jer – men vi regner med, at det lykkes. Vi vil selvfølgelig være glade for, hvis I vil samarbejde med os om at få en rarere familie ud af det.«

Det næste skridt er noget længere i tid og indebærer, at forældrene seriøst leder efter »sig selv«; altså deres egne grænser, ønsker, følelser og behov og øver sig i at formulere dem så »rent« som muligt – dvs. uden at kritisere børnene eller appellere til deres forståelse eller ensidige samarbejde. Børnene kan som hovedregel først samarbejde med det nye, når det er veletableret i forældrenes adfærd. Deres ansvarlighed kan kun udvikle sig i takt med forældrenes, og ofte vil den udvikle sig noget langsommere.

Forældrenes opgave – at manifestere deres egne følelser, behov og grænser – udføres ikke ved at iværksætte lange dybsindige samtaler med børnene, men at huske at få »sig selv med« i helt dagligdags udvekslinger.

Eksempel:

Ikke: »Mor har tidligt fri i dag. Hvad vil du helst: at jeg henter dig på fritidshjemmet kl. 15, eller selv komme hjem kl. 17?«

Men: »Jeg har tidligt fri i dag og vil gerne hente dig kl. 15. Hvad siger du til det?«

Ikke: »Hvad har du lyst til at spise til middag?«

Men: »Jeg har lyst til frikadeller i dag. Hvad kunne du tænke dig?«

Ikke: »Har du ikke lyst til at gå lidt tidligt i seng i dag?«

Men: »Jeg kunne godt tænke mig at have et par timer for mig selv i aften. Hvad siger du til at gå tidligt i seng?«

Ikke: »Vi har fri i weekenden. Hvad har du lyst til at lave?«

Men: »Vi har fri i weekenden, og vi vil gerne bare gå herhjemme og slappe af. Hvad synes du, vi skal lave?«

Ikke: »Det er altså lidt koldt i dag. Synes du ikke, du skulle tage noget varmere tøj på?«

Men: »Det er koldt i dag, så jeg vil gerne have, at du tager varmt tøj på.«

Ikke: »Har du ikke lyst til at gå med far i haven i eftermidag?«

Men: »Jeg vil gerne have dig med ud i haven i eftermiddag.«

Forskellen kan synes lille og måske endda ligne et forsøg på bare at bytte nogle ord ud med andre, men det handler ikke om ord eller taktiske formuleringer. Det handler om forskellen på fællesskab og ensomhed og om kvalitet i samspillet. Først når denne kvalitet begynder at udvikles og barnet kan mærke sine forældres nærvær, kan oplevelsen af »det andet menneske« blive reel og først da er der grundlag for at udvikle social ansvarlighed.

Tempoet varierer en del fra familie til familie afhængigt af, om forældrenes »service-adfærd« mest var udtryk for en bevidst opdragelsesfilosofi eller mere var funderet i stor selvusikkerhed. Uanset forældrenes situation, har stilen i familien allerede slået rod i børnenes personlighed og derfor afvikler de generelt deres destruktive adfærd noget langsommere end forældrene.

Når man som i de her beskrevne familier kan opleve, hvor galt det kan gå med »moderne børneopdragelse«, er det forståeligt, at både forældre og fagfolk kan fristes til at hente nogle af de gode gamle remedier frem fra fortiden: »grænser«, »konsekvens« og »konsekvenser« f.eks. Sommetider kan man da også, med en ihærdig og stålsat indsats, få dem til at virke på kort sigt, men det er en meget kortsigtet løsning, som der er al mulig grund til at advare imod.

Det højeste, man opnår, er mere fred eller færre konflikter på overfladen; de interpersonelle konflikter bliver til intrapsykiske konflikter, som uundgåeligt igen slår ud som interpersonelle konflikter. Det sker af to grunde: For det første lægger de gammeldags metoder i sidste ende hele ansvaret og skylden over på børnene og for det andet udfylder de kun tilsyneladende det tomrum, hvor de voksnes personlige nærvær skulle have været. Børnene får derfor stadig ikke det, de har brug for. De lærer i bedste fald at opføre sig, som om de fik det. Forældrene vokser heller ikke som mennesker. De får bare en ny metode at holde op mellem sig og børnene. Det bliver kontakten måske anderledes af, men aldrig bedre.

En lignende problematik udspiller sig i disse år i Skandinavien omkring de familier, der har såkaldte MDB/DAMP-børn – altså børn, som man formoder kan have en skjult hjerneskade, som kan være forklaringen på deres stærkt impulsive og u-sociale adfærd.

Uanset om deres formodede hjerneskade er en realitet eller ej, er det helt afgørende, at deres forældre lærer at manifestere deres egne grænser og følelser i sampillet med børnene og ikke en metode. I modsat fald forværres børnenes livskvalitet på langt sigt – og dermed forværres deres symptomer – og lige så vigtigt: Forældrene bliver slidt op rent menneskeligt. Det, at disse børn får en diagnose, letter ofte umiddelbart forældrenes skyldfølelse, og det er vigtigt, men brugen af pædagogiske metoder vil på lang sigt medføre en voldsom nedslidning af deres selvfølelse og af deres forhold til barnet. Ingen børn, uanset personlighed eller diagnose, har gavn af at være objekter for pædagogiske metoder, med mindre det drejer sig om at lære dem intellektuelle eller praktiske færdigheder.

4.7 Børns sociale ansvar

Jeg hører til dem, der mener, at det sociale ansvar er vigtigt for kvaliteten af menneskelige fællesskaber. Det begyndte vel som en kulturel arv og udviklede sig siden til en politisk og humanistisk holdning for at slutte med en faglig indsigt: Vi er alle forbundne på godt og ondt hele tiden og enhver forestilling om, at vi kan undgå at påvirke de andres liv og at blive påvirket af deres, er en illusion. Det er med samfundet som med familien: Der er ikke noget, der hedder *dit* problem og *mit* problem. Det er altsammen *vores* problem eller *vores* succes.

Det er som nævnt min erfaring, at børn, der støttes i at udvikle deres egenansvarlighed, næsten af sig selv udvikler en høj grad af social ansvarlighed med den hjælpsomhed, sensitivitet og hensynsfuldhed, vi i det daglige gerne vil se som udtryk for deres sociale ansvarlighed. Når det sociale ansvar udvikles på denne baggrund, kommer det ikke til udtryk som selvopofrelse, men som en bevidst medansvarlighed, der i langt større grad sikrer alle parters værdighed. (Hvis begrebet social ansvarlighed skal have nogen mening, må det anerkende eksistensen af medmenneskets personlige ansvar. I modsat fald bliver det patroniserende godgørenhed). Denne udvikling tager synligt fart hos børn i 3-4 års alderen og er allerede tanke- og handlingsmæssigt modnet omkring puberteten.

Forholdet til forældre og søskende i familien er børns første og vigtigste øvelsesområde, når det gælder udviklingen af det sociale ansvar, men også daginstitutioner spiller selvfølgelig en stor rolle. Forskellige familier har forskellige holdninger og den enkelte families behov for at trække på børnenes sociale ansvar varierer meget. Der er stor forskel på familier med ét barn og familier med 5, ligesom social status og økonomi har en væsentlig betydning. I nogle familier vægter man det følelsesmæssige udtryk i form af hensynsfuldhed og fleksibilitet mest, mens man i andre mest ser på praktisk hjælpsomhed og pligtfølelse.

På samme måde varierer værdigrundlaget i daginstitutioner. I nogle lande lægger man vægt på at udvikle »frihed under ansvar« og i andre måles børnenes sociale ansvarlighed fortrinsvis på deres evne og villighed til at underordne sig institutionens regler. På ét punkt er erfaringerne fra familier, daginstitutioner og samfund imidlertid enslydende: Jo mere den sociale ansvarlighed er en regelbundet pligt i børns opvækst, jo mindre socialt ansvarligt tænker og handler de som voksne.

Der er to afgørende forudsætninger for, at børns sociale ansvarlighed kan udvikle sig optimalt:

– At forældrene ser og anerkender deres trang til at samarbejde.

– At forældrenes adfærd – over for hinanden, børnene og andre mennesker – er ansvarlig.

Det gælder her, som i de fleste andre forhold, at de voksnes eksempel sætter sig meget dybere spor end deres verbale opdragelse.

Eksempel:
4-årige Kim sidder på gulvet i stuen og bygger med Lego-klodser. Hans lillesøster på 2 år kommer forbi og iagttager i nogle minutter sin storebror med nysgerrighed og beundring, hvorefter hun uinviteret begynder at blande sig i hans leg. Uden held forsøger Kim nogle gange at få hende til at holde op, hvorefter han skubber til hende med det resultat, at hun stikker i et hjerteskærende vræl. Moderen bliver alarmeret og kommer løbende ind i stuen:

Mor: Hvad er der dog sket? Hvad er der i vejen?
Lillesøster (grædende): Kim slår mig!
Kim: Det passer ikke ... hun ødelægger bare mit Lego.
Mor: Kim, du ved godt, at du ikke må slå din lillesøster. Du må huske på, at det er dig der er den store, og at hun er for lille til at forstå mange ting ... Hvorfor må hun ikke være med til at bygge med Lego? Ku' du ikke godt lege med din søster, når hun nu gerne vil være med?

Situationen er et klassisk udtryk for vores noget forenklede forståelse af social ansvarlighed »de store skal være gode ved de små« og på belærende opdragelse. Det er der for så vidt ikke noget at sige til. Vi kan jo ikke bare acceptere, at Kim krænker sin søsters grænser, hver gang hun i sin barnlige uforstand krænker hans. Problemet er i dette tilfælde bla., at moderen optræder hensynsløst over for Kim, samtidig med at hun belærer ham om hensynsfuldhed.

Alternativet:

Mor: Hvad er der sket, Kim?

Kim: Hun ødelægger mit Lego!

Lillesøster: Kim slår mig, mor!

Mor (lægger armen omkring lillesøster og holder opmærksomheden på Kim): Lad os prøve at finde ud af, hvad du kan sige til hende, når du vil lege i fred.

I denne udgave gør moderen flere vigtige ting samtidig:

- Hun undersøger, hvad der er sket.
- Hun henvender sig til den mest ansvarlige i stedet for at belære ham om hans ansvar.
- Hendes forslag fortæller, at hun ved, at Kim har forsøgt at sætte sine grænser med fredelige midler, og at situationen kun er endt i fysisk konfrontation, fordi han endnu ikke ved bedre. Hun anerkender på én gang hans vilje til samarbejde og hans behov for at tage vare på sin integritet.
- Hun tager lillesøsteren til sig og lader hende samtidig høre, at Kims personlige grænser er vigtige for familien.
- Ved ikke at kritisere Kim for bruge sin fysiske overmagt fortæller hun ham, at hun godt ved, at han også har det dårligt med den måde konflikten udartede på.
- Hun anviser en vej i stedet for at foreslå en løsning. Derved støtter hun udviklingen af både Kims personlige og sociale ansvarlighed og samtidig fortæller hun begge børn, at kunsten at tage vare på sin egen integritet, uden at andre lider overlast, ikke er noget, man »bare« kan.

Hun behøver ikke at fortsætte samtalen ud over dette punkt. Kims ansvarlighed vil efterhånden sætte ham på sporet, og det samme vil ikke mindst hendes egne forsøg på at tage vare på sin integritet i samspillet med mand og børn gøre.

Det praktiske ansvar

Når børn bliver en 4-5 år gamle, har forældrene mulighed for at træffe et vigtigt valg: Vil vi have pligtopfyldende børn eller hjælpsomme børn?

Det er et valg, de færreste forældre gør sig klart, og det er da heller ikke et valg, man hverken skal eller bør træffe. Det er et muligt valg mellem 2 principper, som har forskellige forudsætninger og forskellige konsekvenser.

Der er som nævnt stor forskel på at være en familie med 2 voksne og 5 børn, at være 2 voksne og 1 barn eller f.eks. 1 voksen og 3 børn. Jo større familien er, jo større er behovet for planlægning og struktur og dermed for pligter. På samme måde er der stor forskel på at være en typisk skandinavisk byfamilie med 2 udearbejdende voksne og en polsk husmandsfamilie uden lønindtægt.

I 50'erne og 60'erne var det dominerende synspunkt hos især skandinaviske og amerikanske fagfolk, at det er sundt for børn at have pligter. Det er, med al respekt, noget vrøvl.

Overvejelserne bag dette synspunkt er sådan set sunde nok: Børn har brug for at føle sig som en værdifuld del af familien og siden de i de mest udviklede velfærdssamfund ikke mere er nødvendige som medforsørgere, er der opstået et tomrum.

Den afgørende forskel er, om børn oplever, at deres forældre har brug for hjælp, eller om forældrene uddeler pligter, fordi det er godt for børnene. Forskellen synes måske ikke så stor, men den er i virkeligheden enorm: Det er forskellen på at føle sig som en værdifuld person i relation til sine forældre og på at føle sig som objekt for deres bedrevidende opdragelse. Dette kommer man næppe nogensinde til at opleve sig selv som værdifuld af.

Valget imellem at få hjælpsomme eller pligtopfyldende børn er ikke nødvendigvis et enten-eller, men overvejelserne omkring det kan være med til at klare tankerne og få os til at fundere over de mere langsigtede mål med forælder-skabet. Lidt firkantet stillet op ser betingelserne således ud: Hvis målet er at få pligtopfyldende børn, skal man huske to helt grundlæggende ting:

- Almindelig udviklingspsykologi har allerede i mange år vist, at det sundeste, børn op til ca. 10 år kan foretage sig, er at lege så meget som muligt. At det er det sundeste be-tyder i denne sammenhæng, at det er det bedste for deres fysiske, psykiske og sociale udvikling, hvortil kommer at det også er det, der fremmer deres indlæringsevne mest muligt.
- At børn op til 8-9 års alderen kun har et begrænset frem-tidsperspektiv. De ved med andre ord ikke, hvad de siger ja til, når de f.eks. indgår en aftale om at vaske op 3 dage om ugen. Hvis man en dag står og vasker op og har den 6-årige siddende på køkkenbordet og i øvrigt har det hyggeligt, kan man sagtens få hende til at sige ja til en så-dan aftale. Men hendes »ja« betyder ikke: »Ja, jeg kan godt se, hvad du mener, og jeg vil gerne klare opvasken 3 gange om ugen, så længe jeg bor hjemme.«

Det betyder: »Ja, jeg elsker også dig, og lige nu er jeg parat til at gøre hvad som helst for at gøre dig glad!« Det er en pa-rallel til, når voksne siger: »Jeg vil altid elske dig!« til hinan-den. Det er ikke hverken et løfte eller en kontrakt, men et udtryk for, hvor intenst vi oplever kærligheden lige nu.

Med de to forhold i baghovedet er der ikke noget i vejen for at give børn nogle regelmæssige pligter. Som jeg skal vende tilbage til i kapitlet om teenagebørn, kræver det regelmæssige justeringer og forhandlinger, og så kræver det noget andet og meget vigtigt: Det kræver, at forældrene ikke blander »kærlighed og forretning«; at forældrene altså ikke lægger en stil, som siger: »Du skylder dine forældre at overholde dine pligter som tak for deres store kærlighed til dig!«

Pligter er pligter og har intet med kærlighed at skaffe. Velvilje måske og ansvarsfølelse ja, men kærlighed nej. Et tilsvarende regnskab mellem ægtefæller ville uvægerligt ende med kærlighedens tidlige afblomstring.

Som det vil være fremgået af ovenstående, er det vigtigt, at de opgaver, børn får overdraget, er meningsfulde for familien – at forældrene har brug for hjælpen, og at de derfor også sætter pris på den.

Fordelen, rent opdragelsesmæssigt, ved at tildele børn nogle hjemlige pligter, efterhånden som de vokser op, er at deres naturlige hjælpsomhed og trang til at samarbejde bliver sat lidt i system. Det kan være hensigtsmæssigt for familiens drift og er på ingen måde ødelæggende for deres udvikling. På den anden side er det heller ikke nødvendigt for udviklingen af deres sociale ansvarlighed, så valget må først og fremmest træffes ud fra forældrenes holdninger og behov.

Vælger man at satse på at få hjælpsomme børn, skal man huske, at hjælpsomhed netop ikke kan struktureres, før børnene omkring 10-11 års alderen selv er i stand til at overskue den form for planlægning. Endvidere skal man huske ikke at tildele dem pligter og at bede dem om hjælp, når man har brug for det.

Forskellen er:

– Søren! Husk nu, at det er din tur til at vaske op i dag!
– Søren! Jeg har brug for hjælp. Vil du klare opvasken?

De fleste sunde børn er midt i noget vigtigt, når man har brug for deres hjælp. Derfor er det en dårlig idé at spørge, om de har »lyst« til at hjælpe. Ikke fordi, de ikke har lyst til at hjælpe, men fordi de som regel har mere lyst til det, de er i gang med lige nu. Og det er i orden at insistere:

- Søren! Jeg har brug for hjælp. Vil du klare opvasken?
- Nej, jeg har ikke tid. Jeg skal spille fodbold med Nicolai.
- Det er fint nok, at du spiller fodbold først, men jeg vil gerne have, at du tager opvasken bagefter. OK?

Eller:

- Søren! Jeg vil gerne have, at du går ned i containeren med vores gamle aviser i dag. Vil du det?
- Ååhh nej ... det har jeg altså ikke lyst til. Jeg er lige ved at se fjernsyn.
- Det er i orden Søren! Du behøver ikke at have lyst. Du må have ulyst hele vejen derned og hjem igen, men jeg vil have aviserne ud af huset i dag!

Og:

- Søren! Jeg har lige brug for hjælp. Vil du dække bordet, mens jeg gør maden færdig?
- Nej! Jeg har travlt!
- OK! Så gør jeg det selv.

Og så er der selvfølgelig alle de gange, hvor de siger »ja«.

Der er efter min erfaring to fordele ved at satse på hjælpsomhed fremfor pligtfølelse. For det første bliver børnenes bidrag til fællesskabet, set over længere tid, større og for det andet får begge parter en helt uvurderlig træning i at sige »ja« og »nej« til hinanden og udvikler dermed en kontinuerlig føling med hinandens behov og grænser. Husk at problemstillingen ikke handler om lyst contra pligt, men om fritflydende, indrestyret ansvarlighed over for struktureret, ydrestyret ansvarlighed.

Børn har, ligesom voksne, brug for at føle sig værdifulde for de fællesskaber, de indgår i. Oplevelsen af at være værdifuld knytter sig kun sjældent, eller måske aldrig, til serviceydelser. Den opstår hverken, når forældrene hele tiden står på pinde for børnene eller når børnenes pligter og service-ydelser bliver sat i system af de voksne. Den mest gedigne form for pligtfølelse – altså social ansvarlighed som ikke kun er styret af lyst – opstår, når mennesker er frie til at for-pligte sig, og ikke når andre forpligter dem. Heller ikke på dette punkt er der forskel på børn og voksne.

Overansvarlige børn

Vi bliver ofte så optaget af børns sociale ansvarlighed på det praktiske plan, at vi glemmer, hvor ansvarlige børn næsten fra fødslen føler sig for deres forældres velbefindende. Man kan sagtens diskutere, om børn faktisk føler sig ansvarlige i den alder, men det er en kendsgerning, at de føler sig skyl-dige, når forældrene har det dårligt med sig selv eller hinan-den, når forældrene behandler dem dårligt, svigter dem o.l. Børn kommer altid til den følelsesmæssige konklusion, at det må være dem, der er noget i vejen med.

Allerede i 1½-2-års alderen begynder nogle børn at prakti-sere dette ansvar som et over-ansvar med alt, hvad det inde-bærer af omsorg for forældrenes behov og undertrykkelse af egne behov. Det sker med særlig stor tydelighed i famili-er, hvor en af forældrene er stofmisbruger, alkoholiker, psy-kisk syg eller på anden måde følelsesmæssigt fraværende.

Det sker imidlertid også i familier, hvor omstændighe-derne er langt mindre dramatiske. Det gælder f.eks. i de til-fælde, hvor helt unge og umodne piger bliver mødre i et for-søg på at skabe mening og sammenhæng i deres egen tilværelse. Det samme sker ikke så sjældent, når forældre i forbindelse med en skilsmisse fortaber sig i indbyrdes magtkampe med børnene som kasteskyts og forældremyn-digheden som symbol på sejrens palmer. (En psykologisk proces som ingen lovgivning kan dæmme op for).

Det sker i familier, hvor skilsmissen er mindre dramatisk,

men hvor den ene voksne sidder tilbage i en kritisk livssituation præget af håbløshed, bitterhed eller lammende ensomhed. Hvad enten denne forælder er den, som barnet bor hos hele tiden, på deletid eller i weekends og ferier, vil især mindre børn stille sig til rådighed for den voksnes behov.

Voksnes umodenhed eller eksistentielle tomhed er et vakuum, som uværgerligt suger børns behov for at være værdifulde og trang til at samarbejde til sig. Derfor vil forældre i denne situation også for det meste opleve deres samvær med barnet som harmonisk og ukompliceret, hvorimod barnet af andre voksne (den anden forælder, børnehaven eller skolen) med rette opleves som disharmonisk. Barnet vil i samspil med andre voksne forsøge at udligne ubalancen, og det opleves derfor som opmærksomhedssøgende, barnagtig, pylret eller klæbende og senere som aggressiv og konfliktsøgende. Denne adfærd er barnets geniale og kompetente forsøg på at få noget til sig selv i de perioder, hvor det ikke er nødt til at opgive sig selv.

Indtil nu har jeg i dette afsnit beskrevet klart destruktive familiesituationer, men jeg synes, det er vigtigt også at gøre opmærksom på, at børns overansvarlighed kan udvikles under forhold, som er fri for disse, let genkendelige misforhold. Det følgende er et eksempel på i hvor ringe udstrækning, vi som forældre kan gennemskue de fænomener i vores liv og personlighed, børn samarbejder med.

Eksempel

Anders er 13 år gammel, da hans far flytter sammen med en veninde efter at have boet alene i 10 år. Anders' forældre blev skilt, da han var 3, og han har siden været »delebarn« på den måde, at han har boet på skift hos sine forældre en uge ad gangen.

Forældrene er veluddannede, og selv om moderen nok

var bitter over skilsmissen, har de klaret at holde deleordningen fri for destruktive konflikter. Begge har taget ansvaret for sønnens opvækst meget alvorligt, og de er blevet boende i nærheden af hinanden, så Anders kunne bevare kontakten med venner og skole. Moderen er skuffet over mænd i almindelighed og har ikke indledt et nyt forhold, og faderen har, mest af hensyn til Anders, valgt at leve alene, selv om han har haft et par længerevarende forhold til kvinder.

Anders får hurtigt et godt forhold til den nye kvinde i faderens liv, og de voksnes forventninger om jalousi og konflikter viser sig ubegrundede. Et halvt års tid efter ringer Anders' mor til faderen og fortæller, at Anders har bedt hende spørge, om han godt må blive fri for at komme så ofte hos faderen, som han nu har gjort i 10 år.

Faderen bliver chokeret, føler sig afvist og skyldig og allehånde fantasier opstår i hans bevidsthed: Er Anders alligevel jaloux? Er det moderen, der forsøger at stikke en kæp i hjulet? Føler Anders sig overset i den nye situation? etc.

Under en familiesamtale, hvor faderen, moderen og Anders er til stede siger faderen: »Anders, jeg vil gerne vide, hvorfor du pludselig ikke vil bo hos mig mere ... lige så tit som du plejer, mener jeg?«

Anders tøver og tænker sig længe om, før han ser på sin far og med stor alvor svarer: »Det er fordi, jeg tænkte, at nu ... nu har du jo Hanne (faderens nye partner) til at passe på dig ... og så behøver jeg måske ikke komme så tit.

Faderen er forbløffet, rørt og tilfreds med svaret og parat til at snakke om en ny måde at arrangere samværet på.

Moderen, som ellers fra samtalens begyndelse har insisteret på sin ret til at være tavs, bryder ind i deres samtale og siger: » Men, Anders, kan du så ikke forklare mig, hvorfor du pludselig vil på efterskole?«

Igen tænker Anders sig længe om, men denne gang slår

modet ikke helt til. Tilskyndet af familierådgiveren svarer han dog: »Så får du måske også lyst til at få en ny mand.«

Disse stilfærdige, kærlige og dybt ansvarlige udsagn fra en 13-årig kan passende lede os over i problematikken omkring enlige forældre.

Der findes naturligvis enlige forældre, som misbruger børns ansvarlighed og samarbejdsvilje ved at læsse alle deres sorger og bekymringer over på børnene. Det er en problematik, som ikke kun findes i familier med én forælder. Den er mindst lige så aktuel i mange familier, hvor forældrene ikke kan tale med hinanden om problemerne, og hvor specielt mødrene derfor ofte vælger et af børnene som sin fortrolige. Disse børn kommer meget hurtigt til at føle sig (over)ansvarlige, ikke bare for moderens problemer, men også for forældrenes dårlige ægteskab og det udgør selvfølgelig en belastning, som uundgåeligt får negative konsekvenser for barnets udvikling.

Det er min erfaring, at langt de fleste enlige forældre optræder mere ansvarligt, men det betyder ikke, at de undgår at få overansvarlige børn, hvis de er blevet alene med dem før 13-14-års alderen.

Forklaringen er den samme, som når børn bliver overansvarlige i familier med 2 voksne: Når der opstår et tomrum i en familie – enten fordi der mangler en voksen eller fordi én af de voksne ikke tager sit personlige ansvar – så rykker et af børnene (enebarnet eller det ældste barn) altid ind og forsøger at udfylde tomrummet. Det kan selv den mest ansvarlige og påpasselige forælder ikke forhindre.

Man kan som enlig forælder gøre meget for, at belastningen skal blive så lille som muligt – f.eks. ved at sikre et velfungerende voksent netværk omkring sig; ved at satse på barnets hjælpsomhed fremfor at tildele det pligter, hvis det overhovedet er praktisk muligt; ved at opmuntre barnet til at lege så meget som muligt med andre børn og ved direkte at anerkende barnets ansvarsfølelse (f.eks.: »Jeg ved godt, at det bekymrer dig, at jeg er noget deprimeret for tiden, men jeg har nogen, jeg snakker med om det, så jeg regner med, at det snart bliver bedre.« Modsætning til: »Det skal du ikke bekymre dig om lille skat. Det skal nok gå, når bare vi to har hinanden«).

Men alle gevinsterne ved at være alene med et eller flere børn har også en »bagside«. Tiden til at være sammen med dem, nærheden og kontakten osv. oplever børnene både som et privilegium og en forpligtelse.

Det er forholdsvis nemt at finde ud af, om børn oplever overansvarligheden som en større belastning, end de kan klare; eller for at sige det på en anden måde: om samarbejdet udhuler deres integritet. Signalerne er:

- Overdreven hensynsfuldhed og ulyst til samvær med jævnaldrende.
- Konfliktsøgende og nej-sigende, glemmer pligter og svigter aftaler.
- Destruktiv, aggressiv adfærd i børnehave eller skole.
- Hyppig hovedpine, mavepine, ryg- og skuldersmerter.
- Total-oprør i puberteten.
- Indadvendt, melankolsk og ensomhedssøgende.

Disse signaler er efter min erfaring de mest almindelige, men det betyder hverken, at børn, der ikke udsender dem, ikke er overansvarlige, eller at alle børn, der gør det, er overansvarlige. Også på dette område er menneskelivet for mangfoldigt til facitlister.

I Skandinavien har der i det sidste tiår været betydelig interesse omkring de overansvarlige børn, børn der bliver for tidligt voksne, børn der af omstændighederne tvinges til at være deres forældres forældre. Det samme er ved at ske i lande, hvor nationale kriser og krige splitter familierne og dræber mændene. Fænomenets alvor har fået både fagfolk og forældre til at nære en efter min erfaring overdreven tro på, at børn, der én gang er blevet overansvarlige, kan fritages for dette ansvar igen.

Eksempel:

En ung mor har levet alene med sin nu 8-årige søn, fra han blev født og indtil han var 5 år gammel. På det tidspunkt flyttede hun sammen med en mand, som hun boede sammen med i 3 år. Moderen og hendes samlever er veluddannede og både interesserede og bevidste omkring børn og børneopdragelse. Da de flytter sammen, er de enige om, at sønnen Kasper nok er for overansvarlig og, at han »skal have lov til at være barn igen«.

Konsekvensen af denne beslutning bliver, at de voksne begynder en bevidst, målrettet opdragelsesproces, som i vid udstrækning går ud på at træffe »ansvarlige voksenbeslutninger« vedrørende sengetid, lektier, fritidsaktiviteter o.l. og at »sætte grænser«.

Efter 3 år beslutter moderen sig for at ophæve samlivet, bl.a. fordi hun synes, at mandens syn på hendes søn og hans opdragelse er mere firkantet, end hun kan stå inde for. Hun er dog ikke mere uenig, end at hun fortsætter strategien i en lidt mere afdæmpet stil.

I de mellemliggende 3 år er Kasper blevet overvægtig og noget opfarende både hjemme og i skolen, og siden han og moderen igen blev alene, har de næsten dagligt voldsomme konflikter, som ofte munder ud i, at Kasper rasende konstaterer, at hans mor ikke elsker ham mere.

Kasper og hans mor er naturligvis begge fortvivlede over situationen, som dog meget hurtigt bedres, da Kasper får hjælp til at oversætte sin påstand: »Du elsker mig ikke mere!« til: »Jeg trives ikke med den måde, du elsker mig på.«

Kasper var som 5-årig ikke mere overansvarlig, end man uundgåeligt bliver af at bo alene sammen med sin mor, men det betyder ikke, at de voksnes omsorg var malplaceret eller formålsløs – kun at deres strategi var det.

De overså, at Kaspers overansvar er et ansvar, han føler for sin mors velbefindende og ikke et, han føler for sig selv. Derfor hjælper det ham selvfølgelig ikke, at de pludselig tager mere voksenansvar for ham. Hans mor har ikke været uansvarlig. Det er Kasper, der var overansvarlig.

Når børn har påtaget sig et overansvar så tidligt i livet, er det en integreret del af deres person, som ikke kan bortopereres. Man kan bremse dets vækst og forhindre, at det misbruges og udnyttes, men det vil livet igennem være en tendens, som præger f.eks. Kaspers forhold til mennesker, der betyder noget for ham.

Kaspers mor og stedfar kunne have gjort 2 ting, der ville have hjulpet både ham og dem selv. De kunne have koncentreret sig om at få deres individuelle voksenliv og fælles samliv til at fungere så godt som muligt – dvs. arbejdet med deres personlige ansvar. Jo bedre Kaspers mor trives i sit voksenliv, jo mere kan han slappe af og bruge energien på sit barneliv. I stedet blev han genstand for deres konflikter og medvirkende til deres brud, og dermed blev hans overansvar væsentligt forøget.

Derudover kunne de have opmuntret og pirret det barnlige i ham: det irrationelle, det løsslupne, urimelige, barnagtige, legesyge, det umiddelbare og spontane.

Det var deres intention at give ham »retten til at være barn«, men i stedet kom de til at »spille voksne«.

Kaspers tilbagemelding til sin mor var direkte og kompetent: Hvis det er sådan, du vil elske mig, vil jeg ikke være med!

Børn, der udvikler voldsommere signaler end Kasper, er

ofte i en ekstra klemme: Samtidig med at de bærer på deres overansvar for de voksnes velbefindende, kritiserer og bebrejder de voksne dem, at de ikke er praktisk ansvarlige. At de ikke rydder op på deres værelse, laver deres hjemmearbejde, protesterer mod at være babysitter for de mindre søskende, er uvillige til at hjælpe med opvasken eller til at springe i byen efter øl, cigaretter og videofilm på de voksnes kommando.

Børnene kan ikke protestere direkte mod denne proportionsforvrængning. De kan kun forsøge at sætte hælene i på hjemmefronten og lukke op for smerten, når de er ude. Nogle af dem bliver med tiden tvangsfjernet, andre kommer hjemmefra ved frivillig overenskomst, og atter andre forsøger samfundet at holde hånden under med skolepsykologisk bistand, specialskoler og samtaler.

Det er afgørende for disse børn og unges selvfølelse og sociale ansvarlighed, at pædagogerne, behandlerne og plejeforældrene ikke foregøgler hver sig selv eller dem, at de kan »helbredes« for overansvarligheden. Jeg understreger ikke dette for at introducere pessimismen, men for at forebygge, at spot føjes til skade.

Når man har brugt de første 5, 10 eller 13 år af sin tilværelse på at undertrykke sig selv til fordel for sine forældres behov og følelser, bliver overansvarligheden en central del af ens identitet og den eneste måde, man har lært at have værdi for andre mennesker på.

Når andre voksne træder i forældrenes sted og ud fra de bedste intentioner begynder at bearbejde overansvarligheden sker der én af to ting:

- Enten oplever barnet det som en kritik af selve kernen i dets eksistens og nægter at samarbejde: Bliver aggressivt usamarbejdsvillig eller passivt medløbende.
- Eller også træder den allerede veltrænede overansvarlig-

hed i kraft og kommer nu nogle nye voksne til gode. Barnet er stadig lige overansvarligt og lige lidt sig selv og blot styret af en ny ydre autoritet med et andet sæt krav og forventninger.

Overansvarlighedens modpol er det personlige ansvar og selvfølelsen. Det er ikke de voksnes opgave at nedbryde eller behandle overansvarligheden, men at styrke selvfølelsen og egenansvarligheden, således at balancen mellem det personlige og det sociale ansvar genoprettes.

Det er en lang, tålmodighedskrævende proces, som reelt kommer til at vare resten af barnets liv, og som det nemt tager 2-3 år at få sat i gang. Begge parter har brug for tid, fordi kravet om tilpasning er så stort, som det er – både indeni og udefra – og fordi det simpelthen er svært at genfinde sig selv bag overlevelsesstrategien.

Alene om ansvaret
De overansvarlige børn oplever sig alene om ansvaret for en af deres forældre eller for dem begge eller for hele familien for den sags skyld. Det er karakteristisk for dem, at de er aktive i kontakten med forældrene, at de søger kontakt og er glade, når det lykkes, og frustrerede når det ikke gør.

Der findes en anden gruppe børn, som også er alene om ansvaret, men om ansvaret for sig selv. De bokser, ofte fra en meget tidlig alder, med at tage det personlige ansvar for sig selv – alene – og kan findes i alle slags familier. Det er, som om de er kommet til en ubevidst erkendelse af, at der ikke er noget at hente i deres familie bortset fra mad, husly, tøj på kroppen og en seng at sove i.

Så vidt min erfaring rækker, kommer disse børn som sagt fra alle slags familier lige fra helt almindelige og tilsyneladende sunde til meget problematiske og ressourcefattige familier. Børnene kan have »meldt sig ud« på grund af regulært omsorgssvigt eller fysiske overgreb; som følge af forældrenes problematiske parforhold, som har krævet al familiens energi i lange perioder; fordi familien har været uden egentligt følelsesmæssigt fællesskab, og alle har så at sige levet på deres egen øde ø; fordi én af forældrene (ofte moderen) har været for følelsesmæssigt krævende og kun tilsyneladende givende.

Dette er bare nogle få eksempler på familiesituationer, som får nogle børn til at fungere i en slags suveræn ensomhed, hvor de i en meget tidlig alder må tage det fulde eksistentielle ansvar for sig selv og må leve med den eksistentielle ensomhed, som de fleste voksne viger tilbage fra at se i øjnene en stor del af livet.

Så længe de er mindreårige, er deres problem netop, at de er små. Vi har ingen tradition for at forestille os børn som selvforsynende eksistenser uden for fællesskaberne, og derfor ser vi ofte ikke deres isolation som et grundvilkår i deres eksistens, eller vi ser den kun som social ensomhed, som vi er tilbøjelige til at reagere sentimentalt på. Men for det meste ser vi dem slet ikke.

Mange af disse børn vokser da også op uden at være specielt ulykkelige eller overhovedet bevidst om deres egenart, og opdager først deres egen isolation, når de selv stifter familie. De gifter sig ofte med mennesker, som er vant til at trives i fællesskaber, og som derfor undrer sig og bliver ulykkelige over, at de er så svære at få et fællesskab med.

Men en del af dem vokser op under familieforhold, som er så destruktive, at de får svære psykiske og sociale problemer, og da møder vi dem i en mindre suveræn og mere frustreret udgave. Deres frustration handler om, at de reelt er alene i verden, men stadig håber og længes. De fortsætter, for nu at bruge et billede – med at sætte sig til bords med familien i håb om, at der kommer mad på bordet i stedet for ingenting eller tomme kalorier. Det placerer dem i en smertefuld eksistentiel situation, hvor de er isolerede og ensomme, men ufrie.

Eksempel:
Den bedste beskrivelse af denne frustration og bundethed fik jeg for mange år siden af en 13-årig dreng, da han var blevet afleveret af politiet efter sin ethundredeogsyttende springtur fra den institution, hvor han var anbragt. Denne gang havde han været væk i næsten en måned og havde overlevet i den sene vintermåned ved at bryde ind i sommerhuse, hvor han kunne finde mad og husly.

Vi talte om hans desperate livssituation og jeg forsøgte noget ubehjælpsomt at beskrive hans frustrerede forhold til sine forældre, som begge var alkohol- og medicinmisbrugere.

– Nåh, sagde han efter nogen tid, nu tror jeg, jeg ved, hvad du mener. Jeg kender det bedst fra sommerhusene. Når jeg bryder ind i et sommerhus for at finde noget at æde, så er det selvfølgelig pisseærgerligt, hvis der ikke er noget. Men så sparker jeg bare til køleskabet eller skraldespanden og går videre til det næste hus. Men en gang kom jeg til et stort hus med kælder og alting. Jeg kunne se, de var rige, og jeg var helt sikker på, at den var hjemme. Men du tror sgu, det er løgn mand: De folk havde to kælderrum – et spisekammer og en vinkælder – men de var låst af med sådan nogen tremmedøre af jern og med store hængelåse, som jeg sgu ikke havde værktøj til at ødelægge.
– Du tror, det er løgn, men der sad jeg fandme en hel nat og gloede på al den mad – som jeg altså ikke kunne få fat i – og tror du jeg kunne finde ud af at gå videre til et andet hus? Nej, jeg kunne sgu ej. Jeg sad der bare og tudede, idiot som jeg er! ...
... Er det sådan du mener?

Det er vigtigt, at vi ser dem, som de er. Det er vigtigt, fordi den form for hjælp og omsorg, de kan tage imod, er helt anderledes end den, vi kan hjælpe andre børn og unge med. De er uimodtagelige for voksnes erfaringer og vender ofte ryggen til fysisk kontakt; de beder aldrig om hjælp – de klarer sig eller kræver ind af serviceydelser og materielle ting; bedst som man tror, man har fået personlig kontakt med dem, er man bare »en anden voksen«; de er uimodtagelige for pædagogisk strategi og belæring, og samfundet er som alle andre fællesskaber en abstraktion for dem; de har været ansvarlige for sig selv altid, men har næsten ingen kontakt med deres egne behov og deres sociale ansvar kan være på et lille sted.

Det første, omsorgsfulde skridt på vejen er at få dem til at se sig selv som reelt forældreløse og alene med ansvaret for deres eget liv. Det betyder ikke et opgør eller brud med forældrene, men at se i øjnene, at de kvaliteter i form af ansvarlighed, omsorg, troværdighed og stabil følelsesmæssig kontakt, som er nødvendige for et anstændigt barneliv, ikke findes i deres familie. Det medfører oftest umiddelbart en stor lettelse og lidt senere en sorg, som må have sin tid. Først da indfinder friheden til at tage et bevidst ansvar for deres eget liv sig.

Dette skridt er vanskeligt at tage for mange voksne. Det kan være hårdt at rumme en så definitiv ensomhed. Det næste skridt er ikke nemmere, specielt ikke for fagfolk.

Vores almindelige menneskelighed får os til at tilbyde kontakt og vores faglige baggrund til at tilbyde hjælp. Begge dele er fint og nødvendigt, men kræver, at vi kan møde dem på deres betingelser. Det indebærer, at vi ikke gør os kloge på, hvad der er godt for dem, men har respekt og tålmodighed nok til at stå hos, mens de selv eksperimenterer og finder ud af det. Det kræver, at vi hele tiden er opmærksomme på, at vores kontakt med dem på ingen måde er eller kan

være en erstatning for den, de ikke havde med deres foræl-
dre. Og det kræver, at vi kan være til stede i kontakten med
vores egen usikkerhed og hjælpeløshed; at vi kan opføre os
ligeværdigt og afstå fra at spille hjælpere.

Det kan siges kort: Det kræver, at vi afstår fra det meste
af, hvad vi kender som konventionel pædagogik og op-
dragelse.

Mange af disse børn, som ikke har været udsat for grove
overgreb fra deres forældre eller samfundet, har på én måde
gode kort på hånden. De er vant til ensomheden og frygter
hverken den eller »aleneheden«, og deres oprindelige, uspo-
lerede »jeg« er ofte intakt. Deres begyndende kontakt med
denne indre kerne er et nødvendigt udgangspunkt for ud-
viklingen af et kompetent personligt ansvar og et accepta-
belt socialt ansvar – i nævnte rækkefølge. Social tilpasning
har aldrig lindret nogens eksistentielle smerte; højest ydet
en nødtørftig beskyttelse mod øget smerte i nye relationer.

4.8 Forældres magt

Ingen er vel i tvivl om, at forældre har magt over børn, og
at udøvelsen af denne magt ofte er den eneste ansvarlige
måde at handle på. Det gælder i små dagligdags situationer
– som med Jacob og hans far (s. 127) – og det gælder lige
fuldt i langt større og alvorligere konflikter. På samme
måde har voksne uden for familien magt, som de i overens-
stemmelse med de enkelte samfunds regler og normer ud-
øver over for børn og unge.

Vi bliver dagligt konfronteret med, hvor divergerende
man i forskellige kulturer vurderer grænserne for voksnes
magtudøvelse på så forskellige områder som fysisk vold, på-
klædning, ægteskab, religion og individuel tale- og handle-
frihed. Forældre, der flygter eller emigrerer fra én kultur til
en anden, oplever, at der bliver stillet spørgsmålstegn ved

deres moralbegreber, og at det, de har lært at forstå som sunde relationer mellem børn og voksne, gør begge parter ulykkelige og deres samspil disharmonisk. Når man har sine rødder i kulturer, hvis moralbegreber er langt mere entydige, skaber mødet med vores mere nuancerede nordeuropæiske moral ofte en livslang og dybt personlig smerte hos forældrene, som sætter et afgørende præg på hele familiens eksistens.

Det er ligeledes alment kendt, at mange forældre og andre voksne hver dag misbruger deres magt over børn. Det sker af ideologiske såvel som af psykologiske årsager, og det mest optimistiske, man kan sige om det, er vel, at tendensen til at ignorere eller ligefrem bifalde det er aftagende i de mest oplyste og demokratiske samfund. Det samme gælder i en vis udstrækning systemvolden, dvs. det magtmisbrug der ligger indbygget i børneinstitutionernes traditioner og pædagogik og i de politiske beslutninger, de voksnes regeringer og lokalpolitiske forsamlinger træffer.

I denne sammenhæng har jeg valgt at beskæftige mig mindre med den rå og konkrete magt til fordel for den mere subtile. I det følgende vil jeg derfor forsøge at indkredse det uafvendelige magtforhold mellem børn og voksne samt det overordnede ansvar, der følger med magten og de måder, ansvaret kan udøves på. På denne måde håber jeg at kunne skitsere rammerne for et etisk grundprincip i samspillet mellem børn og voksne. Som jeg ser det, ud fra en sundhedsmæssig synsvinkel, er de etiske overvejelser mere vedkommende end det meste af den moral, der traditionelt danner udgangspunkt for diskussioner om børneopdragelse.

4.9 Samspillet

Da jeg for nylig arbejdede i det sydlige Europa, hørte jeg to mødre diskutere børneopdragelse. Den ene var dybt ulykkelig, fordi familiens søn på 18 år skulle i retten tiltalt for en kæde af brugstyverier begået sammen med en gruppe jævnaldrende, som han i et års tid havde holdt til sammen med. Da hun havde givet sin veninde et udførligt referat af omstændighederne, sagde hun:

– Jeg kan ikke forstå det! Al den tid han gik i skole, var han sådan en dejlig dreng. Han var hjælpsom og flittig og altid blandt de bedste i sin klasse ... Derfor gav vi ham jo også lov til meget ... Vi har aldrig nægtet den dreng noget, hvis vi overhovedet kunne give ham det. Han fik lov til at være ude om aftenen, han gik på diskotek og ... ja, jeg ved slet ikke, hvad jeg skal sige. Alt fik han lov til, fordi han var sådan en god og dygtig dreng.

Og lidt senere, da samtalen var drejet over på familiens 15-årige datter:

– Ja, jeg gør nok noget forkert med hende, men jeg tør simpelthen ikke andet. Hun får ikke lov til noget som helst mere. Jeg holder hende hjemme hele tiden af skræk for, at hun også skal komme i dårligt selskab ... Hun protesterer selvfølgelig, og det er nok heller ikke rigtigt, det jeg gør, men jeg tør altså ikke andet. Hvad skal en mor ellers gøre?

Denne mors udsagn afspejler, ud over hendes oprigtige fortvivlelse og rådvildhed, et interessant koncentrat af væsentlige problemstillinger. Samtidig er det et godt eksempel på en forælder, som er rystet i sin tro på, at det nytter noget at gøre »det rigtige«. Var det, hun troede var rigtigt i forhold til sønnen, alligevel forkert, og hvis det var det, er det rigtige så at gøre det modsatte i forhold til datteren?

Titusindvis af forældre til unge bandemedlemmer, stofmisbrugere, kriminelle og unge, som har forsøgt eller haft held til at tage deres eget liv, stiller hver dag sig selv det samme spørgsmål. Midt i deres forfærdelige afmagt spørger de sig selv og hinanden, om de brugte deres magt forkert, da de endnu havde den. Det samme spørger vel alle forældre sig selv om, hver gang der skal tages store og små beslutninger i forhold til børnene: Gør vi nu det rigtige? Gør vi det nu godt nok?

Det følgende er ikke en anklage mod disse forældre eller et bevis på deres skyld. Det er en redegørelse for, hvordan vi alle er medansvarlige for vores børns udvikling og skæbne, og dette medansvar fører selvfølgelig også medskyld med sig. Det samme gælder i forhold til vores voksne kærlighedspartner. (Det gælder mig bekendt for vores forhold til alle mennesker, men inden for familien er de umiddelbare konsekvenser specielt tydelige.)

I familieterapien siger vi det på den måde, at samspilsprocessen i en familie (eller par) kan have 3 kvaliteter. Den kan være: *Symptom-skabende, symptom-vedligeholdende* og *symptom-helbredende*. Alle familiers samspil indeholder på forskellige tidspunkter i familiens historie i forskellig grad alle 3 kvaliteter. Nogle gange er det, der foregår imellem os, konstruktivt og livgivende for familiens medlemmer; nogle gange er det destruktivt og nogle gange træder vi vande.

Det vigtigste er at slå fast, at det netop er kvaliteten af det, der foregår imellem os, der afgør, hvordan familien trives. Hverken når familien mislykkes eller har succes, skyldes det enkeltpræstationer, men samspillet.

Samspillet består, som de fleste ved, både af det der umiddelbart kan ses på kroppen og i mimikken og høres på ordene og de udtalte holdninger og meninger og samtidig af det, der udspiller sig mere »mellem linierne«, i de finere nuancer: de underliggende holdninger, følelser, konflikter og hele vores personlige historie. I familieterapien skelner vi mellem *indhold* og *proces*; mellem *hvad*, vi gør og siger og *hvordan*, vi gør og siger det.

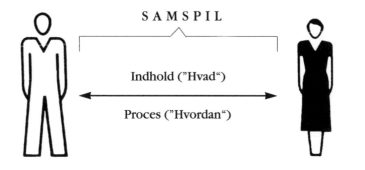

Traditionelt har vi lært at tro på, at *indholdet* er det vigtigste. Det er det ikke. Når der er overensstemmelse mellem *indhold* og *proces*, smelter de sammen og er lige vigtige, men når der ikke er, er processen vigtigst.

De fleste af os er vokset op i familier med forældre, som troede fuldt og fast på, at det, de sagde til os, de moralbegreber de gav os, de regler de lavede for vores opførsel etc., var det, der afgjorde kvaliteten af vores opdragelse. Hvis de havde en høj moral, sørgede de for at overholde nogenlunde de samme spilleregler, som de satte op for børnene: ikke lyve, ikke stjæle, ikke bande, sidde pænt ved bordet, tale pænt til fremmede osv.

De kendte til selvmodsigelser på indholdssiden – dvs. uoverensstemmelse mellem holdning og adfærd – og vidste, at de var uheldige og gjorde opdragelsen ineffektiv. Det klassiske eksempel var faderen, der råber til sin søn: »Du må fandme ikke bande knægt!«

På samme måde kendte de til en vis sammenhæng mellem kvaliteten af de voksnes samliv og børnenes opvækst. Hvis faderen drak eller stjal, eller forældrene altid skændtes og sloges, forstod man godt, at børnene vantrivedes og blev uregerlige. Men de vidste ikke, at processens kvalitet var alt-afgørende for, om deres gode hensigter lykkedes. De vidste kun, at det var vigtigt at gøre det »rigtige« og når det mis-lykkedes, så måtte der være noget i vejen med deres børn, med deres kammerater eller eventuelt, at det var Guds vilje at prøve dem. Når de satte spørgsmålstegn ved deres egen indsats, lød det mest almindelige spørgsmål: »Har vi ikke været strenge nok? Burde vi have set det komme og grebet konsekvent ind?«

De tænkte, som moderen i indledningen af dette afsnit, på hvad de *havde* gjort eller undladt at gøre og ikke på, *hvor-dan* de havde gjort det.

I et kærlighedsforhold mellem 2 ligestillede voksne er begge lige ansvarlige for samspillets kvalitet, hvorimod de voksne har hele ansvaret for kvaliteten af deres samspil med børnene. Det gælder samspillet mellem børn og forældre i familien, børn og pædagoger i vuggestue og børnehave, børn og lærere i skolen og børn og voksne i samfundet.

Ovenstående er ikke udtryk for en bestemt holdning til samspillet mellem børn og voksne – en holdning som f.eks. tager børnenes parti. Det er simpelthen sådan, at selv om børn og unge påvirker processen i samspillet med voksne, så er de ude af stand til at tage ansvaret for den. I de sammen-hænge, hvor ansvaret af forskellige grunde ender hos børne-ne, udvikler de sig ikke sundt.

Vi er langsomt ved at vænne os til denne kendsgerning og lære noget om de principper, der skaber sunde processer. Problemet er, at de måder, vi som voksne påvirker proces-sen på, for en stor del er uden for vores kontrol.

Vi påvirker den med vores personlighed, vores bevidste og ubevidste konflikter med os selv og hinanden, med de følelser og stemninger, vi ignorerer eller undertrykker, med stemningsskift, vi ikke selv mærker, med vores overdrevne iver efter at gøre det rigtige og vores angst for at gøre det forkerte – for nu blot at nævne nogle få faktorer.

Det er den magt, vi har over vores børn. Uanset hvad de måtte være født med, har vi magten over de samspilsprocesser, der afgør deres videre udvikling og livskvalitet, indtil de selv bliver voksne og tager over.

Vi kan med andre ord ikke, som vores forældre og bedsteforældre troede, sikre os ved at have en høj moral eller ved at handle, som flertallet i tiden anser for rigtigt. Vi må opgive hele ideen om, at det overhovedet er muligt at gøre det »rigtige«.

Derfor må vi udvikle en etik i omgangen med børn, hvor vi har øjne og øren åbne for de bommerter, vi uundgåeligt begår og åbent tage ansvaret for dem. Kun denne etiske praksis sætter børnene fri til igen at udvikle sig sundt. Hjælpen er lige ved hånden: Børnenes kompetente tilbagemeldinger, som minder os om, hvor vi selv gik i stå.

Lad mig et øjeblik vende tilbage den ulykkelige mor og hendes opdragelsesdilemma. Hun og hendes mand har opdraget sønnen efter en god gammel opskrift: Hvis ungen arter sig, skal han roses og belønnes, og hvis ikke skal bissen skrues på og friheden indskrænkes.

I den kultur, familien lever i, har de haft styr på indholdet: Det handler om, at børn er søde, flittige og dygtige i skolen og i øvrigt gør, hvad deres forældre siger. Idealet er total tilpasning og ydrestyring. Hvis indhold og proces havde været i overensstemmelse, var han blevet en flink ung mand, der placerede sin mor på et niveau lige under Den Hellige Madonna og fik en tår over tørsten med sin far til søndagsfrokosten.

Men sådan gik det ikke. Der har været noget destruktivt

i samspillet, og så bliver det ydrestyrede ideal pludselig farligt. Så står han med sine gode eksamenskarakterer, sin lave selvfølelse, sin manglende egenansvarlighed og sin længsel efter en hvilken som helst social identitet, som bare ikke ligner forældrenes. Så får de dårlige kammerater magt – præcis den samme magt som forældrene har haft: Hvis du gør som vi, er du inde i varmen; hvis ikke, er du ude i kulden!

Moderen har selvfølgelig ret i sin formodning om, at den omvendte strategi over for datteren ikke kan forventes at fungere bedre. I deres kultur vil hun enten begynde at få dårlige karakterer i skolen, gå i åbent slagsmål med sine forældre eller blive gravid, så hun kan flytte hjemmefra.

Børn samarbejder i samme udstrækning med konstruktive og destruktive processer i familien. Deres psyke kan ikke skelne. Efterhånden som deres bevidsthed, sprog og værdier udvikler sig, kan de godt tage intellektuel og moralsk afstand fra forældrenes destruktive adfærd, men den trænger alligevel ind under huden på dem og bliver en del af deres person. Når et barn eller en ung derfor begynder at opføre sig destruktivt eller selvdestruktivt (afhængigt af om han samarbejder retvendt eller spejlvendt), kan man vide 3 ting med stor sikkerhed:

- Han er ikke den første i familien, hvis adfærd er destruktiv/selvdestruktiv. De voksne begynder altid.
- De voksne i familien er som hovedregel ikke selv bevidst om deres destruktive/selvdestruktive adfærd og er altså i den forstand uskyldige.
- Hans destruktive/selvdestruktive adfærd har været under udvikling i flere år. Selv om man måske kan pege på en særlig begivenhed i hans liv, som har fundet sted for nylig, har den oftest kun synliggjort adfærden. (Spædbørn reagerer ofte mere prompte.)

Denne voksenmagt kan vi ikke melde os ud af og der er grænser for, hvor meget vi kan forberede os på at udøve den af den simple grund, at vi kender for lidt til os selv, og at alle børn er forskellige. Vi kan ikke vide, hvad det var for et barn, vi fik, og hvem vi selv viste os at være, før barnet for længst er flyttet hjemmefra.

4.10 Ansvarlig magt

Der er stor forskel på, hvordan forældre oplever deres forældreansvar – dvs. det ansvar for børnenes udvikling og velfærd, som indebærer, at de udøver fysisk, økonomisk eller social magt.

Det er ikke så svært at slå fast, at vi må bruge fysisk magt over for en 3-årig, der er på vej over gaden for rødt lys eller skal behandles af lægen, ligesom vi må prioritere familiens økonomi af hensyn til helheden og fremtiden og derfor med mellemrum må bruge vores økonomiske magt.

På samme måde er det selvfølgeligt, at vi bestemmer, om et spædbarn skal i vuggestue og hvilken skole en seksårig skal begynde i og dermed udøve vores sociale magt.

Det bliver først for alvor konfliktfyldt, når vores forældreansvar går ind og konkurrerer med eller helt overtager børnenes personlige ansvar. Det sker traditionelt på følgende områder: mad, søvn, skole, påklædning, lektier, lommepenge og morgenvækning.

Dertil kommer en »gråzone« med oprydning/rengøring, personlig hygiejne og samvær med øvrige familiemedlemmer (onkler, tanter, bedsteforældre o.l.).

Listen over potentielle konfliktområder varierer noget fra land til land og fra det ene samfundslag til det andet og det er da heller ikke min hensigt hverken at skrive en fuldstændig liste eller at gennemgå hvert enkelt konfliktområde for sig. Meningen er at gennemgå nogle få med det formål at få belyst handlemuligheder og konsekvenser. Meningen er heller ikke at promovere en slags anti-liv uden konflikter mellem forældre og børn, men at etablere et pejlemærke, man kan tage bestik efter, når man kommer i tvivl om, hvad det egentlig er, der foregår i familien, og hvor godt eller sundt det er for alle parter.

Er det f.eks. en god idé at vække sine børn om morgenen, eller kunne de lige så godt selv klare det? Svaret er, at det kan de sagtens selv klare fra omkring 3-års alderen.

Nu er sagen jo den, at netop denne start på dagen skaber konflikt i utroligt mange familier næsten hver morgen. Der er nærmest en slags tradition for, at antallet af vækningsforsøg stiger proportionalt med børnenes alder. Men det er altså ikke, fordi børn ikke selv kan tage ansvaret for at kommme op om morgenen. Hvorfor er det så?

Det skyldes som regel 2 forhold: For det første spiller mange forældre dobbeltspil – de vækker dem, men fortæller dem samtidig, at de selv burde kunne finde ud af det. For det andet samarbejder børnene. Når man i tilstrækkelig lang tid gør noget for mennesker, som de kan gøre for sig selv, bliver de hjælpeløse og afhængige.

Her står udviklingen af den personlige ansvarlighed over for forælderansvaret. Det er helt indlysende praktisk, at børn og unge på et tidspunkt kan finde ud af at høre et vækkeur og stå op, når det ringer. Men er det på den anden side ikke forældrene, det kommer til at hænge på, hvis de kommer for sent op, for sent til bussen og for sent i skole? Er det ikke simpelthen forældrenes pligt over for både børnene og skolen at sørge for, at de kommer op til tiden?

Svaret er enkelt. Man kan gøre det, man trives bedst med. Hvis man kan vække sine børn med fred i sindet og smil på læben, og de faktisk står op, så bliv endelig ved.

Hvis man ikke kan det, er det klogt at holde op. Hvis det udvikler sig sådan, at man er irriteret og stresset og skal kalde 2-3-7 gange, før de endelig står op, og dagen begynder med surhed, så har man det pejlemærke, jeg omtalte i det foregående. Jeg kalder det »den destruktive konflikt«: *En konflikt, der gentager sig med stigende hyppighed og hvor udvekslingen mellem parterne bliver tiltagende negativ i form af kritik, bebrejdelser, anklager, ukvemsord, ironi og sarkasme.*

Når det sker, betyder det altid, at forældrene dels er gået ud over deres egne grænser (har svigtet deres personlige ansvar) og dels har taget et ansvar, som rettelig tilhører børnene.

Problemet her er ikke, om et par halvstore børn selv kan overtage ansvaret igen. Det kan de sagtens. De sover over sig nogle gange i den første tid og prøver måske ligefrem på skrømt at gøre forældrene ansvarlige, men det går hurtigt over.

Problemet er, at når man som forældre vælger at tage et ansvar, som rettelig tilhører børnene, så følger der et ekstra ansvar med, nemlig ansvaret for den fiasko, som de destruktive konflikter (dvs. den destruktive samspilsproces) er beviset på, og dertil kommer ansvaret for at levere ansvaret tilbage.

Det er præcist på dette sted, forældre i tidens løb har opført sig mest uansvarligt, idet de har givet børnene hele skylden for konflikten.

Hvis man i stedet vil tage ansvaret på sig og samtidig give dem en model for, hvordan man kan tage et personligt ansvar, sætter man sig sammen med børnene og siger f.eks.:

– Nu skal I høre her. Da I var små, syntes vi, det var hyggeligt at vække jer om morgenen, så derfor tog vi ansvaret for, at I kom op. Det synes vi ikke mere – faktisk er vi irriterede på jer næsten hver morgen. Så derfor har vi bestemt os for at give jer ansvaret tilbage. Hvis I engang imellem kommer sent i seng og er bange for, at I ikke kan høre vækkeuret, så sig bare til. Så skal vi nok hjælpe jer. Men til hverdag må I selv sørge for det fra nu af.

Så er ansvaret leveret tilbage, hvor det hører hjemme, kærligt og definitivt. Ingen har fået skylden og forældrene er gået foran med et godt eksempel. Den destruktive proces er ophævet og erstattet af en konstruktiv, og det er langt vigtigere for børnenes fremtid, end om de kommer for sent i skole nogle gange.

Det samme forløb kunne være beskrevet om det forhold, at mange forældre ser det som deres ansvar, at børn kommer i seng om aftenen til en bestemt tid. Også det er en tradition, der skaber utallige, destruktive konflikter hver dag.

Børn kan sagtens styre deres egen sengetid. De vil på dette område, som på så mange andre, kopiere forældrene. De vil få deres søvnbehov dækket en stor del af tiden og nogle gange vil de, i lighed med de voksne, få for lidt søvn, fordi de er i gang med noget vigtigt, hygger sig eller ser noget spændende i fjernsynet.

Men det betyder ikke, at børn selv skal bestemme deres sengetid, hvis forældrene hellere vil have det på en anden måde. Uanset om forældrene vil have fred og ro til sig selv eller om de vil sikre sig, at børnene er udhvilede til næste dag eller noget helt tredie, kan de bruge deres magt og udøve deres forældreansvar.

Dermed er de samtidig eneansvarlige for, at samspillet måske udvikler sig destruktivt og at ændre deres beslutning eller holdning, hvis det sker.

Det er muligvis det sundeste for børn, at de får en fuld nats søvn hver nat, men i samme øjeblik, de destruktive konflikter begynder at udspille sig omkring sengetid, er de betydeligt mere sundhedsskadelige. Processen vinder over indholdet; samspillets kvalitet over holdningen og metoden.

Det er vigtigt at være opmærksom på definitionen af

»den destruktive konflikt« (s. 77-78) Almindelige konflikter, som bare består af, at forældre og børn vil noget forskelligt, er der ikke noget usundt i. At børnene spiller ud med et: »Årh, må jeg ikke godt blive lidt længere oppe i dag« er et tegn på deres egen og familiens sundhed. Det kan besvares med »ja« eller »nej« efter forældrenes forgodtbefindende eller forhandles ud fra deres situationsfornemmelse.

Hvis barnets udspil er mere defensivt: »Øv, hvorfor skal jeg altid så tidligt i seng?« er svaret enten et: »Fordi jeg vil ha' det sådan!« (husk at tage ansvaret); eller en forhandling, hvis man synes, det er på sin plads. Men ikke: »Fordi du er træt og skal være frisk i morgen«. Et er at overtage børns personlige ansvar, noget andet er at monopolisere deres behov og følelser.

Det faktum, at børn meget ofte ved, hvad de har lyst til, men ikke så tit hvad de har brug for, betyder ikke, at forældrene altid ved, hvad de har brug for. Så hvis barnet siger: »Jamen, jeg er altså ikke spor søvnig!« er svaret: »Ja, så kan jeg godt se, at det er ærgerligt, men jeg vil ha', at du går i seng alligevel.« Også selv om øjnene kun er små søvnige sprækker, og skuldrene hænger helt nede i knæhøjde.

Lige så afgørende det er for samspillets kvalitet, at de voksne tager ansvar for sig selv, lige så vigtigt er det, at de ikke bakker ud af konflikter. Konflikter er ikke farlige for familiens sundhed. Det er kun *måden*, vi har dem på, der kan være det.

Lad os se på et andet hyppigt konfliktområde – børns lektier – og undersøge det lidt mere detaljeret for de ting, der påvirker samspils-processen.

Masser af forældre ender omkring børnenes 3.-4. skoleår, som vi gjorde i min familie, med at skubbe deres oprigtige interesse for deres skolegang i baggrunden og slå den automatiske forældretelefonsvarer til. Det er den, der siger:

- Har du haft det godt i skolen i dag?
- Har du nogen lektier for til i morgen? Har du ikke? Jeg synes aldrig, I har lektier for mere. Er du helt sikker?

Interessen er erstattet af kontrol. Man kan høre det på stemmen, se det i mimikken og aflæse det på kropssproget. Processen har ændret karakter fra varm til kold, fra kontakt til distance. Kontrol skaber uansvarlighed og distance ligegyldighed.

Fra nu af står flere muligheder åbne. Hvis barnet elsker at gå i skole og ser lektierne som en kær pligt, sker der nok ikke alverden. Hvis ikke, er der en reel chance for, at de hvide løgne, snyderiet, brevene fra klasselæreren og den daglige, seje kamp om at få lektierne overstået begynder at indfinde sig.

Men hvad er forældrenes dilemma? Det er blandt andet, at verdens skolelærere synes at have rottet sig sammen og bestemt, at lektier er forældres ansvar. Det er både ulogisk og uhensigtsmæssigt og placerer både børn og forældre i en umulig situation.

Jeg ved godt, at masser af børn og forældre lærer at håndtere situationen og i fællesskab får skabt et velafbalanceret samarbejde. Men mindst lige så mange, hvis forhold til skolen og hinanden er mindre harmonisk, mislykkes det for.

Det logiske er naturligvis, at lektier er et mellemværende mellem eleven og lærerne, og at forældrene er frie til at interessere sig for barnets hjemmearbejde og hjælpe med det faglige i det omfang, der er brug for det. Det vil give børnene optimale muligheder for at udvikle deres egenansvarlighed og forældrene lejlighed til at træde ind med deres forældreansvar og intime kendskab til barnet, hvis der opstår alvorlige konflikter i samarbejdet mellem lærerne og barnet. Som det er nu, bliver forældrene reduceret til at være lærernes forlængede arm.

Men indtil dette forhold med tiden ændrer sig, vil forældre og børn stadig udvikle destruktive konflikter omkring lektierne. Når det sker, er strategien den samme som nævnt ovenfor omkring morgenvækning og sengetid: Giv ansvaret tilbage, hvor det hører hjemme.

Hvis konflikterne har stået på længe, kan det godt blive en svær overgangsfase for begge parter. Det er svært for barnet at finde tilbage til sin egenansvarlighed og ikke mindre problematisk for forældrene at afstå fra kontrollen. Men en dag sker det! En skønne dag kan forældrene igen mærke deres egen gedigne interesse og udtrykke den på en måde, som ikke får barnet til at lukke af. Og en anden skøn dag sker miraklet: Man spørger sin 12-årige, om han har mange lektier for til næste dag og han svarer:

– Ja, rigtig mange! Men faktisk har jeg besluttet mig for at tage ned på havnen og fiske i stedet for. Det er lige fiskevejr i dag!

Den dag er problemet løst. Han har fundet sin egenansvarlighed og er i stand til at prioritere sit velbefindende over sine pligter uden at snyde eller lyve sig til det. For mange forældre er det noget af en kamel at sluge – forældretelefonsvareren spoler automatisk frem til formaninger, pligter og situationen på arbejdsmarkedet – så jeg anbefaler, at man drikker champagne til.

Samspillets kvalitet er helt afhængig af, at forældrene tager et aktivt ansvar for at give ansvaret fra sig i modsætning til at give op i passiv resignation over de evindelige konflikter. Det aktive ansvar sætter en stopper for de destruktive konflikter, hvor resignationen »Det nytter jo alligevel ikke at sige noget!« blot skruer ned for lyden.

Forældre udøver forskellige sider af deres magt mange gange hver dag i stort og småt. Sådan må det være. Op til omkring puberteten har børn faktisk brug for forældre, der har mod til at være bedrevidende og handle ud fra denne større viden, indsigt og erfaring. Som sparringspartnere, beslutningstagere og magtudøvere.

Alle disse små og store beslutninger gør indtryk på børn, og hvis de er sunde, reagerer de verbalt, følelsesmæssigt og kropsligt. De bliver glade, ulykkelige, rasende, sårede, lykkelige, uenige, kritiske og hele resten af det mentale og følelsesmæssige register. Når vi er heldigst, og vores forhold til børnene fungerer bedst, får vi spontane, personlige tilbagemeldinger, så vi altid ved, hvor vi har dem.

I den gammelkendte, patriarkalske familie var de såkaldt positive reaktioner tilladt, mens de såkaldt negative var forbudt. De såkaldt negative følelser har fået deres navn, fordi omgivelserne ikke brød sig om dem. Ikke fordi de er dårlige for den, der har dem. Det bliver de kun, hvis de ikke kommer til udtryk.

Traditionen er derfor, at børns reaktioner på forældrenes magtudøvelse enten bliver undertrykt, fordømt eller kritiseret.

Det kommer der bl.a. to ting ud af. Enten lykkes undertrykkelsen, og barnet mister sin selvfølelse og bliver føjeligt, eller også begynder de opsparede reaktioner med alderen at komme eksplosivt til udtryk, med mere fordømmelse til følge.

Børn og unges spontane reaktioner er det nærmeste, vi kan komme et sandfærdigt udtryk for deres integritet, person eller væren. Den klassiske, kritiske måde at forholde sig til dem på, er derfor et overgreb på deres integritet.

Vi kan bruge vores økonomiske, fysiske og sociale magt til at give eller nægte børn ting og omstændigheder, de enten har lyst til eller brug for, men når vi bruger den til at gøre deres reaktioner og følelser forkerte, er vi ude på magtmisbrugets skråplan. Vores forældrestatus giver os ikke ret til at krænke livet selv. Nøjagtig den samme etik er nødvendig for et sundt og ligeværdigt forhold til voksne.

Der er en afgrund til forskel på følgende voksenreaktioner over for et barn, der sprutter af vrede og frustration over et forbud eller et nej:

- »Nu skal du holde op med det skaberi, ellers skal jeg sørge for, at du virkelig får noget at hyle over!« (I sin mest primitive form: et par flade og en marchordre).
- »Hør her! Jeg kan ikke li' at du tager det så tungt. Jeg er ked af det, men jeg mener »nej«. Jeg vil ikke være med til det.« (I sin mest avancerede form: »Jamen, kære ven da! Det kommer helt bag på mig, at det betyder så meget for dig. Kom herhen og forklar mig, hvorfor det er så vigtigt«).

Hverken voksne eller børn kan trives, når udenforstående fordømmer deres spontane livsytringer. I denne sammenhæng er den eneste forskel på børn og voksne, at børn i nogle få år af deres liv har den forestilling, at verden er til for deres skyld, og at deres forældre er omnipotente og perfekte. De skal nok opdage, at det ikke hænger sådan sammen uden at blive ydmyget.

5 GRÆNSER

Op igennem opdragelsens historie har forældre haft proble-
mer med at få børn til at respektere de grænser, de satte for
deres adfærd og udfoldelse og endnu i dag stiller de ofte
spørgsmålet: »Hvordan får vi dem til at respektere
grænserne?«

Ofte er det ikke særligt klart, hvad vi overhovedet mener
med ordet »grænser«. I de gode gamle dage var det simpelt-
hen familiens interne spilleregler, som de voksne definere-
de, og børnene havde at rette sig efter. Grænserne var stort
set de samme inden for de enkelte samfund og samfundslag,
og det gjorde det naturligvis noget nemmere at håndhæve
dem, end tilfældet er i dag, hvor mangfoldigheden trives.

Af mange grunde fungerer den gamle måde at sætte græn-
ser på ikke mere, men det grundlæggende problem har altid
været det samme: Grænserne blev håndhævet på en måde,
der krænkede børnenes grænser. Resultatet blev (og bliver)
derfor oftest, at børn ikke lærte respekt for det menneskeli-
ge i mennesket, men angst for magten.

Børns og unges kollektive selvbevidsthed er vokset bety-
deligt i løbet af de sidste 30 år. Angsten og respekten for au-
toriteter er mindre, og vejen til menneskeligt ligeværd er
forsigtigt åbnet i et enkelt spor. Dermed har den gamle må-
de at sætte grænser på overlevet sig selv og kan kun gennem-
føres ved hjælp af massivt magtmisbrug eller pædagogisk
manipulation med børns fundamentale trang til at samar-
bejde med de voksne, de er afhængige af.

Det betyder ikke, at den gamle påstand om, at »børn har

brug for grænser for at føle sig trygge«, er forkert, men kun at vi må lære at forstå grænser som noget andet og mere end familiære færdselsregler. Tidligere har vi så at sige sat grænserne *rundt om børnene.*

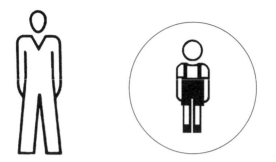

I stedet må de voksne begynde at sætte grænser *for sig selv.* Ikke sådan at forstå, at der nu i demokratiets navn skal være generelle færdselsregler for de voksne, men at de lærer at markere deres individuelle, personlige grænser i samspillet med børnene.

I stedet for autoritær magt er der brug for personlig autoritet, som udvikles i takt med, at grænserne udfordres og krænkes af børn og andre voksne. For mange forældre betyder det, at de først for alvor får mulighed for at udvikle deres personlige ansvarlighed og sprog, når de får børn, selv

om også kærlighedsforholdet til en anden voksen provoke-
rer denne udvikling. For andre er det nemmere, fordi de
selv er vokset op i familier, hvor respekten for deres integri-
tet var en selvfølgelig grundtone i opdragelsen.

5.1 Læg rollen

For ikke så længe siden var det en selvfølge, at voksne påtog
sig forskellige roller i forhold til børn. Man kunne have for-
skellige funktioner i børns liv – far, mor, lærer, bedstemor
etc, – og til hver funktion hørte en rolle. De forskellige rol-
ler havde hver deres attituder, hver deres kropssprog og
hver deres sprog, som nok var farvet af de voksnes forskelli-
ge personligheder, men alligevel i høj grad var stereotype.

Det er karakteristisk for børn og unge i moderne, frie
samfund, at de har meget begrænset respekt for disse stereo-
type voksenroller. De er, kunne man sige, blevet hurtigere
lige med os, end vi er blevet det med dem. Jeg er ikke i tvivl
om, at denne udvikling på alle måder vil vise sig at være til
gavn for begge parter og ikke mindst for kvaliteten af deres
indbyrdes relationer.

I overgangsfasen har det imidlertid skabt nogle voldsom-
me konflikter, som får mange familier til at mistrives i gan-
ske alvorlig grad. Problematikken er ikke ulig den, der præ-
gede forholdet mellem mænd og kvinder, da kvinderne
begyndte at insistere på deres ret til ligeværd. I mange fami-
lier raser magtkampene nu mellem forældre og børn, og i
andre har forældrene resigneret i en grad, så deres sporadi-
ske forsøg på at sætte sig i respekt bliver hule og ineffektive.

Det er min erfaring, at børn, der har udviklet en sympto-
matisk eller problematisk adfærd, skal mødes med samme
respekt for deres integritet, selvfølelse og egenansvarlighed
som helt harmoniske børn. Det betyder, at også de massivt
grænsesøgende børns forældre må lære at lægge mor-rollen

og far-rollen fra sig og i stedet begynde at opbygge deres personlige autoritet.

Det er ikke så enkelt at lægge rollen fra sig og det tager tid at rense sine sætninger og sit tonefald for defensiv beklagelse, bebrejdelse og kritik, hvis man har været på nippet til at give op. Det får nogen til at vælge en vej, der umiddelbart ser nemmere ud og svarer bedre til den klassiske rolle: magthaverens absolutte autoritet tilsat lidt moderne forhandlingsteknik og aftalepædagogik.

Det er en farlig vej. Den forveksler de voksnes selvrespekt med forfængelighed og børnenes behov for varme og kontakt med regler og struktur.

At lægge rollen fra sig er også et tab for mange forældre, for hvem rollen netop er blevet et tilflugtssted, der bekræfter deres værdi som ansvarlige voksne og som simpelthen har lært, at det er den eneste rigtige og kærlige måde at være forældre på. De første forsøg på at klare sig uden rollen kan derfor konfrontere dem med stor personlig usikkerhed og en oplevelse af ikke at leve op til forældreansvaret. De føler sig nøgne og netop helt uden autoritet, men oplever som regel hurtigt, at børnene trives godt med at have forældre, som pludselig er helt anderledes nærværende i kontakten med dem.

Rollen og den måde, man hver især udfylder den på, er et godt udgangspunkt og til stor inspiration, når man skal finde alternativet – sig selv – frem:

– Lyt til, hvad den »automatiske forældretelefonsvarer« siger!

Hvor meget af det står jeg faktisk inde for – holdningsmæssigt og erfaringsmæssigt? Hvilke replikker er overflødigt arvegods fra min egen opvækst. Hvor ofte siger jeg ting, som sårede mig, når mine egne forældre sagde dem? Hvor meget af det, jeg siger og gør, skyldes i virkeligheden min loyalitet mod min partner? Hvad siger jeg, fordi jeg har hørt pædagogerne i børnehaven sige det? Synes jeg også det, eller synes jeg noget andet?

– Lyt til børnene og se på dem!

Hvornår glimter smerten i øjnene? Hvornår løfter hagen sig i forsvar? Hvornår spændes ryggen i vrede og trods? Hvornår bliver energien komprimeret og voldsom? Hvornår bliver øjnene klare og kroppen blød? Hvornår er de glade og trygge, og hvornår er de bare gået af med sejren?

Hvornår tuder de af naturlig og nødvendig frustration og hvornår græder de af sorg?

– Sammenlign meningernes og holdningernes børn med virkelighedens!

Hvor har jeg mine holdninger og meninger fra? Hvilke af dem repræsenterer mine sande værdier, og hvilke skulle jeg overveje at skille mig af med? Hvor nervøs er jeg for omgivelsernes reaktion, hvis jeg ændrer mig?

– Snak med børnene, partneren og andre voksne!

Hvordan virker jeg? Hvordan oplever de mig? Hvem synes jeg selv, jeg er? Tør jeg stå alene med mig selv, eller tilpasser jeg mig hellere? Hvad har jeg f.eks. sagt i dag, som de syntes var mærkeligt, sårende eller overflødigt? Synes jeg også det?

Vi kan ikke lægge vores roller fra os fra den ene dag til den anden, og det er heller ikke nødvendigt. Børn opfanger lynhurtigt, når deres forældre begynder at tage sig selv alvorligt og kvitterer næsten lige så hurtigt med at ændre adfærd. Det samme sker, hvis det viser sig, at forældrenes motiv alligevel kun var at få børnene til at opføre sig ordentligt. Så holder de også hurtigt op med det. Samspillet med børn er altid for alvor.

5.2 Sæt dine grænser

De fleste af os har to slags grænser. Den ene slags er forholdsvis stabile, hvorimod de andre skifter med vores personlige velbefindende.

De stabile kan f.eks. være:

- Jeg vil have, at I tager skoene af, før I kommer ind i stuen.
- Jeg vil have, at I rydder jeres legetøj op, før I går i seng.
- Jeg vil have, at I går med i kirke, indtil I er store nok til selv at tage stilling til religion.
- Jeg vil være med til at bestemme, hvad I skal se i fjernsynet.

Listen er naturligvis uendelig, fordi den indeholder de generelle normer, som forældre i vidt forskellige kulturer vil have skal præge deres familie og berige eller beskytte deres børn.

Det er en stor fordel at manifestere de generelle normer i et personligt sprog. Forskellen er:

- Man går ikke ind i stuen med sko på.
- I jeres alder er det ikke sundt at se alt, hvad der er i fjernsynet.

Fordelen ved at stille sig personligt bag de generelle grænser er, at det er nemmere og betydeligt mere meningsfuldt for børn at respektere deres forældres person (dvs. det indre menneske frem for den ydre rolle) end at respektere generelle »sandheder« og regler. Børn vil gerne samarbejde med deres forældre, og især når de bliver tiltalt personligt og ligeværdigt i stedet for at blive irettesat eller gjort små, uansvarlige, forkerte eller dumme. Heller ikke på dette område er de forskellige fra voksne.

Den anden type grænser er de helt aktuelle og personlige, f.eks.:

- Jeg vil ikke have, at du spiller på klaveret nu. Jeg vil have ro.
- Jeg vil gerne læse en historie for dig senere, men nu vil jeg snakke med din mor.
- I dag vil jeg have badekarret for mig selv.
- Jeg vil ikke have dig på skødet nu. Flyt dig.
- Jeg vil ikke have, at du tager mine bøger ud af reolen.
- Jeg har en af de dage, hvor jeg ville ønske, at jeg ingen familie havde. Jeg vil gerne være alene, medmindre huset brænder.
- Jeg vil ikke have, at I leger med min make up i dag.

Det personlige sprog er det bærende i budskabet. Hvad man derudover lægger af følelse i det, er mindre vigtigt. Det er ordene, der krænker – ikke følelserne. Der er intet i vejen med hverken sorg, vrede, raseri, humor eller irritation. Det gør ikke noget, at børn »føler sig afvist«, hvis det er det, de bliver. På den måde lærer de, at de ikke altid kan få det, de vil have, og at der findes både individuel eksistens og fællesskab.

Vores individuelle temperamenter, følelser og emotionelle op- og nedture er en del af, hvem vi er og er derfor ikke bare en legitim, men også velkommen del af budskabet. Sproget definerer grænserne, følelserne holder kontakten varm. Specielt i Skandinavien glemmer vi ofte, at der findes to slags varme mellem mennesker: smeltevarme og friktionsvarme – men de er der begge to, og de er lige varme.

Det personlige sprog – jeg vil, jeg vil ikke osv. – fungerer kun, hvis det faktisk er personligt. Hvis det reduceres til et smart sprogligt trick, har det ingen effekt. For mange forældre, der selv er vokset op i familier, hvor det personlige sprog var forbudt eller ansås for upassende, tager det selvfølgelig tid at genfinde det, men det er umagen værd. Ikke bare i forhold til børnene, men også i forhold til partneren, forældrene, kollegaer, overordnede og ikke mindst – for sin egen skyld.

Når forældre og andre voksne sætter personlige grænser, tager de først og fremmest vare på deres egne behov. Når de kan gøre det uden at krænke børnenes, bliver familiens samspils-proces præget af en grundlæggende respekt for livets mangfoldighed, men en respektfuld *praksis* vel at mærke. Børnene lærer ikke bare om mellemmenneskelig respekt og hensynsfuldhed som et *moralsk* bud. De lærer at handle *etisk*.

Men som bekendt er ingen af os perfekte. Vi kan ikke altid leve op til vores gode intentioner. Vi undgår ikke at krænke hinandens grænser, og vi tilføjer hinanden smerte og ydmygelser, som i erkendelsens lys kan synes meningsløse, men som er en uadskillelig del af det at være menneske og familie. Heller ikke det tager børn skade af, medmindre det camoufleres af selvretfærdighed.

5.3 Når det mislykkes

Som nævnt (s. 140) har et af de grundlæggende problemer altid været, at forældre og andre voksne håndhæver grænser på måder, der krænker børnenes integritet. Det har været de voksnes problem i den forstand, at de ikke altid har fået den respekt, de ville have, og det har været børnenes problem, fordi de blev fanget i modsigelsen mellem forældrenes værdier og faktiske adfærd.

Eksempel:
Peter på 2 år er med sine forældre på besøg hos gode venner. Som kulturen er, hvor Peter og hans forældre kommer fra, har de ikke medbragt legetøj til ham. Han forventes at være rolig og sød i de par timer, besøget skal vare. Efter at have

siddet stille på skødet af sine forældre i godt halvanden time, får han lov til at gå lidt rundt på egen hånd.

Han får øje på en hammer, der ligger på køkkenbordet og tager den begejstret i hånden. Forældrene reagerer prompte:

- Fy, Peter! Det må du ikke.
- Peter! Hør hvad din mor siger. Læg den!

Peter hører nok, hvad de siger, men han er helt opslugt af sit fund, som han begejstret svinger i luften på vej hen for at vise det til sin far. Han går en lille omvej omkring sin mor og lillesøster, alt imens begge forældre forlanger, at han lægger den fra sig og minder ham om, at han godt ved, at han ikke må lege med de voksnes værktøj. Næsten henne ved faderen taber han den på gulvet og indkasserer øjeblikkeligt et slag i ansigtet. Han stopper chokeret op, og hans vejrtrækning går i stå, indtil gråden bryder igennem. Faderen kvitterer med at slå ham over fingrene og haler ham op på skødet, mens han forlanger, at Peter holder op med at hyle. Han begynder at græde tavst. Forældrene nikker bekræftende til hinanden, og 5 minutter efter kommer Peter langsomt tilbage til fællesskabet med blanke øjne og et forsigtigt, prøvende smil.

Grænsen er sat, loven overtrådt og dommen eksekveret. Peter skal nok lære det. Han får aldrig respekt for sine forældres grænser, men han lærer at frygte straffen. I tilgift lærer han, at det er forkert at give udtryk for sin smerte.

Eksemplet er klassisk i sin opbygning. Det er kun krænkelsen af barnets integritet, der varierer i form og indhold:

- Du må ikke lege med hammeren Peter! Hvor tit skal jeg sige det til dig? (dvs. Hvor dum kan du være)!
- Du må ikke lege med hammeren Peter! Hvornår lærer du at høre efter, hvad man siger til dig? (dvs. Din appetit på verden er illoyal mod dine forældre)!

– Du må ikke lege med hammeren Peter! Det er du da stor nok til at forstå, ikke også lille skat? (dvs. Du er et lille pjok)!

Når børn i 6-7-årsalderen konstant krænker de voksnes grænser, er det ofte, fordi forældrenes måde at sætte grænser på har været sådan i de første år. »Jamen, hvis du vidste, hvor tit vi har sagt det til ham!«; »vi har sagt det ethundredeogsytten gange, men det hjælper ikke!« siger forældrene i ulykkelig uvidenhed om, at de selv har skabt problemet.

Når man sætter en grænse og beder om barnets respekt i den første sætning »du må ikke lege med hammeren« og behandler det med manglende respekt i den næste sætning, så skaber man en uholdbar ulighed mellem barnet og den voksne (i.e. Du skal respektere mine grænser, men jeg behøver ikke at respektere dine).

Processuelt sker der det, at det destruktive budskab vinder. Barnet kommer til at føle sig mere og mere forkert for hver gang og jo mere forkerte børn føler sig, jo sværere er det for dem at gøre det rigtige.

Peters far kunne have forebygget denne udvikling ved at rejse sig op, tage hammeren fra Peter og sige: »Jeg vil ikke have, at du leger med den, Peter.« Peter ville muligvis have grædt alligevel, men han ville være intakt. Han ville have lært, at hans far tager sine grænser og forbud alvorligt og er parat til at tage et aktivt medansvar for, at de bliver overholdt, og det er nemt at have respekt for.

Med demokratiseringen af forholdet mellem forældre og børn kom der et nyt destruktivt fænomen ind i problematikken omkring grænser. Nogle forældre var så påpasselige med at udstede gammeldags påbud og forbud, at de kom til at lægge hele ansvaret over på børnene:

- Mor vil altså godt høre, hvad moster siger i telefonen, Søren!
- Jeg er altså ikke så glad for, at du leger med hammeren, Søren. Er der ikke noget andet, du har lyst til at lege med?
- Søren, mor bliver altså ked af det, når du gør sådan med maden. Vil du ikke godt spise pænt?

Tonen kan være venlig, beklagende, appellerende eller jamrende. Rent sprogligt er det et velment forsøg på at undgå det autoritære og tale pænt til børnene, men problemet er, at de kommer til at stå med ansvaret for forældrenes personlige grænser og velbefindende. Det kan ingen børn leve op til, og resultatet er ofte, at de bliver mere eller mindre hyperaktive og kaotiske. Det ender med, at børnenes umiddelbare lyster og behov styrer hele familiens liv. Ikke fordi de er magtsyge eller trives med det, men udelukkende fordi de voksnes behov og grænser mangler.

Problemet kan også anskues fra en sproglig synsvinkel. Problemet med de ovenfor citerede forsøg på at sætte grænser er, at de er det, vi kalder »passive«. Der mangler en »aktiv« del, f.eks.:

- Jeg kan ikke høre, hvad moster siger i telefonen (den passive del). Så jeg vil have, at du tier stille, mens jeg snakker med hende (den aktive del).
- Jeg kan ikke lide, at du spiser sådan, Søren (den passive del). Jeg vil have, at du beholder din mad på tallerkenen (den aktive del).

Med de passive udsagn beskriver vi os selv og vores følelser. Med de aktive tager vi ansvaret for os selv og vores velbefindende. Når vi udelader den aktive, egenansvarlige del, lægger vi ansvaret for os selv over til de andre, og det er en dårlig idé, fordi ingen andre – børn eller voksne – nogensinde kan tage ansvaret for os. Resultatet er, at vi kommer til at opleve os selv som »ofre« for de andre.

Det er et af de bedste eksempler på, at det sociale sprog ikke kan erstatte det personlige. Prøv engang at gå ind i en slagterforretning og sig, »Jeg er sulten.« Enten bliver man overhørt eller også spørger slagteren, »Javel så. Hvad vil du gerne spise.« Også i familiens samspil må vi tage et aktivt ansvar for os selv, for at få det, vi har brug for. Samspillet i en familie består af delikate balancer, og når den ene halvdel f.eks. er overdrevent passiv i sit udtryk, bliver den anden uundgåeligt overdrevent aktiv.

For nogle forældre er det forholdsvis nemt at ændre denne stil, fordi det netop var en stil. For andre er det meget svært, fordi den ofte skyldes års selvundertrykkelse, og også er et problem i kontakten med voksne.

Når én af de voksne i en familie fungerer på denne måde, opstår der en polarisering, hvor den ene måske får status som »for blød« og den anden som »hård og firkantet«. Det er en falsk problemstilling, som bygger på forestillingen om, at børn »skal have det« på en bestemt måde. Den eneste holdbare løsning er, at de voksne lærer at være så tro mod sig selv som muligt, og så direkte og personlige i deres udtryk som muligt. Der findes ingen grænser, som per definition er sunde for børn.

Børn kan sagtens trives med, at deres forældre har forskellige grænser. Det er ikke noget problem for dem at lære, at sådan er min mor, og sådan er min far. Problemet opstår kun, når de personlige grænser omformes til upersonlige love og regler, som de voksnes forskelligheder alligevel altid farver med hver sin nuance.

5.4 De sociale grænser

De sociale grænser betyder her grænserne for børns udfoldelse uden for hjemmet i form af fritidsaktiviteter, leg og samvær med kammerater, kærlighedsforhold, fester o.l.

I en stor del af børns opvækst fungerer forældre som lovgivere for børnene. Børnene beder om lov, og forældrene giver eller afslår at give lov. Det er en del af forældres magtbeføjelser, som i hvert fald i en vis udstrækning er god og nødvendig. I nogle familier er det stadig sådan, at de voksnes ord er lov – uden diskussion, men det er lykkeligvis blevet mere almindeligt, at der diskuteres, forhandles og snakkes, før afgørelserne træffes.

Når jeg mener, at forældrenes status som lovgivere kun delvis er et nødvendigt gode, skyldes det hensynet til børnenes udvikling af selvfølelse og personlig ansvarlighed. Jeg sætter ikke dermed spørgsmålstegn ved forældres ret til at træffe de afgørelser, de finder rigtige, men jeg synes tit, jeg møder familier, hvor forældrene måske tager deres ret lovligt bogstaveligt. Det bliver en meget kort proces, hvor barnet beder om lov og enten får det eller et afslag:

– Far! Må jeg godt sove hos Trine i nat?
– Nej, det må du ikke. Du skal blive hjemme i dag.

Der findes en mængde situationer, specielt når børn er blevet 5-6 år gamle, hvor det ville være konstruktivt for begge parter, hvis forældrene holdt deres afgørelse lidt tilbage og spurgte: »Hvad synes du selv?« På den måde lærer børn at gå lidt dybere i sig selv end den umiddelbare lyst og begejstring, som fik dem til at spørge. De lærer at konsultere sig selv i stedet for at have al opmærksomheden ovre i forældrene. Deres selvfølelse og egenansvarlighed vokser og dialogen bliver mere ligeværdig.

Det gælder for børns sociale aktiviteter som for så mange

af de områder, jeg har været inde på i det foregående, at vi som forældre har et valg. Vil vi satse på magten og kontrollen eller på at udvikle børnenes personlige ansvar? På det sociale område kommer der en ny faktor ind i vores beslutningsproces: Angsten for hvad der kan ske ude i en virkelighed, som vi har meget lidt indflydelse på.

Principielt er der imidlertid ikke den store forskel på de mere personlige grænser og de sociale. For forældrene drejer det sig om med sig selv og med hinanden at finde ud af, hvad de vil være med til, og hvad de ikke vil være med til. Så velovervejet og personligt som muligt. Det er det udgangspunkt, som skaber modspillet til børnenes udspil.

Den vigtigste forskel er, at vi her sætter grænser for børns liv på et område, som vi ikke selv deltager i. Vi kan ønske for dem, at de bliver spejdere, spiller fodbold eller går på musikskole og vi kan forsøge at påvirke dem i den retning, men vi har ingen indflydelse på en af de vigtigste faktorer: venskaber.

Børns venskaber bliver ligesom unges kærlighedsforhold ofte undervurderet af voksne. Vi forsikrer dem om, at de hurtigt får nye venner, når de skal flytte skole, og at verden er fuld af dejlige piger, når deres kærlighedsforhold er i krise. Vi glemmer, at deres bedste veninde og første kæreste er de første uden for familien, de for alvor knytter sig til. Det er ofte deres første oplevelser af fuldstændig tillid og hengivelse, og de er helt malplacerede som mål for såvel overfladisk trøst som selvpromoverende drilleri.

Venskaberne afgør ikke så sjældent børns første valg af sport og andre fritidsinteresser, og det betyder ikke, at de er uselvstændige. Det betyder kun, at venskaberne og det sociale samvær er vigtigere end selve aktiviteten eller det præstationsniveau, som af og til er baggrund for de voksnes holdninger.

Det betyder ikke, at jeg synes forældre skal bøje sig for argumenter som: »Det gør alle de andre«, eller »det må alle de andre«. Siden opbruddet i familiens traditionelle værdigrundlag, har der været en stigende tendens til, at forældre måler deres egne holdninger med »det almindelige«; dvs. hvad de andre forældre i klassen eller lokalsamfundet giver lov til.

Det er ofte vanskeligt at skabe en fornuftig balance mellem hensynet til barnets liv i kammeratskabsgruppen og hensynet til ens egne normer og værdier. Men det er risikabelt at tro, at det »almindelige« også er det sundeste. Det er langt sundere at lade dialogen med børnene forme sin politik end at overlade den til de andre børns forældre. Hvis der ikke har været tradition for forhandling og dialog i de første 4-5 år af barnets liv, bliver forældrene stillet over for forskellige former for pression eller charmeoffensiver, som i sidste ende er uheldige for begge parters selvrespekt. Når det sker, er det et signal til forældrene om, at de har været for hurtige til at lov-give.

Løsningen er ikke at gøre det modsatte og bare give efter, når børnenes offensiv bliver massiv nok, men at begynde at træne seriøse forhandlinger. Her er det vigtigt at være opmærksom på, at børns deltagelse i forhandlingsprocessen ofte er sundere end forældrenes, omend den måske er mindre ordrig og fornuftig. Skematisk stillet op findes den i 2 udgaver.

Den første er enkel:

Behov/lyst – tilfredsstillelse   ro/balance

Barnet giver udtryk for sit ønske, får det opfyldt og bliver roligt. Forløbet er det samme, hvad enten det drejer sig om sult, tørst, en biografbillet, en godnathistorie eller en ny cykel.

Den anden er ikke så enkel, og mange forældre anser den

desværre stadig for at være udtryk for uopdragenhed, manglende loyalitet eller umodenhed.

Behov/lyst – kamp/diskussion/dialog – tab/sorg
– ro/balance

Barnet udtrykker sit ønske og møder modstand hos forældrene, hvilket fører til, at det kæmper for at få sit ønske opfyldt. Når det ikke lykkes, »sørger« barnet (græder, stamper i gulvet, smækker med døren eller bliver mut og indadvendt). Efter 2 minutter, 2 timer eller 2 dage har barnet bearbejdet sit tab og er igen i balance.

Denne proces er universel og af fundamental betydning både for individets og familiens sundhed. Kun det ydre udtryk ændrer sig fra kultur til kultur. Det er naturligt for os at kæmpe for det, vi vil have og at sørge, når det ikke lykkes. Hverken kampen eller gråden er noget, vi gør mod hinanden. Det er noget, vi gør for os selv. Vi kan appellere til hinandens fornuft og forståelse, men de kan ikke erstatte denne organiske proces, kun supplere den. Derfor er det vigtigt, at vi ikke afbryder børn (eller hinanden), når de kæmper og sørger. Det er vigtigt, at vi ikke tager det personligt og gør dem forkerte og lige så vigtigt, at vi ikke bliver sentimentale eller dovne og bare giver efter, fordi vi ikke kan tåle konflikten eller bære gråden.

Dette forløb gør sig gældende såvel i forhold til de generelle, de personlige og de sociale grænser, som til situationer, hvor grænserne for vores energi, tid, penge eller personlige formåen simpelthen er sådan, at vi må sige nej, selv om vi måske ville ønske, at det ikke var nødvendigt.

Børnenes frustration og sorg er ikke udtryk for, at vi er dårlige forældre. Den er udtryk for deres vilje til og forsøg på at leve sammen med os i en fælles balance. Den er heller ikke udtryk for egoisme eller manglende loyalitet, men for deres tillid til, at vi også vil være sammen med dem, når de er ude af balance. For at leve op til denne tillid behøver vi kun at møde dem med sympatisk tavshed. Som belønning slipper vi for konstante småkonflikter og ulideligt plageri. Det samme kan vi opnå ved at udøve vores autoritære magt, men så bliver der en høj pris at betale.

Efterhånden som børn vokser op, bliver deres behov for kontakt med forældrene mindre og deres sociale behov større. Indtil 11-12-årsalderen er samværet med forældrene, opdragelsen og forældrenes eksempel de vigtigste ingredienser i deres vækst og udvikling, men derefter bliver samværet med jævnaldrende og andre voksne mere og mere vigtigt.

Det rejser nye spørgsmål om grænser og udfordrer en række af de allerede veletablerede normer i familien. Hvad med de fælles måltider, med at overnatte hos kammerater? Hvad med sengetider, og hvornår skal de være hjemme om aftenen? Det er nu, barnets egenansvarlighed skal stå sine første prøver uden for familien og dermed det tidspunkt, hvor forældrene får de første reelle tilbagemeldinger på deres succes som opdragere.

Da min generation og generationerne før den kom i den alder, gjorde de voksnes kontrol og magtudøvelse det nødvendigt at etablere en slags dobbeltliv – ét som var tilladt for forældre og ét som de helst ikke skulle vide noget om. Det skabte en vis spænding i dagligdagen, men prisen var ofte, at løgnen, fortielsen og uansvarligheden holdt sit indtog. Og sammen med dem skammen over at være, som man var. Ud over at det naturligvis korrumperede kontakten mellem forældre og børn, udviklede det sig for mange af os til en integreret del af vores personlighed, som blev destruktiv for vores senere forsøg på at leve op til kravene om at være ansvarlige partnere og forældre.

Den moderne families børn er langt friere i deres udspil

til forældrene og samtidig mindre tilbøjelige til at finde sig i løgnen og magtmisbruget. Det stiller store krav til kvaliteten af de beslutningsprocesser, børn og forældre skal igennem, at det forholder sig sådan.

Tidligere kunne forældre f.eks. suverænt bestemme, hvornår en 12-årig skulle være hjemme om aftenen. Hvis barnet var utilfreds med tidspunktet, måtte det enten bide det i sig eller komme for sent og tage straffen. I dag er det langt vanskeligere at sætte den slags énsidige grænser, og hvis man vil undgå de destruktive konflikter, må der reelle tosidige forhandlinger til, hvor begge parter tager hinandens behov og grænser alvorligt. Det bliver langt mindre et spørgsmål om lovgivning og mere et spørgsmål om et respektfuldt fællesskab, hvis ikke konflikten skal polariseres ud i en magtkamp, hvor forældrene siger: »Det får du ikke lov til!« og børnene svarer: »Det har jeg ret til!«

At denne konflikt ikke handler om, hvad der er bedst eller sundest for børn, ses måske tydeligst i de lande, hvor en tilsvarende konflikt i disse år udspiller sig mellem mænd og kvinder, når kvinderne f.eks. beslutter sig for at gå på veninnebesøg om aftenen. Det er ren magtkamp.

Konflikten handler om, hvordan vi bedst skaber familier, hvor alle medlemmer trives og udvikler sig optimalt, og det kan ikke sikres med lovgivning, kun med dialog.

For de af os, der er vokset op i familier med énvejskommunikation, bliver de 10-12 årige ofte en tvingende grund til at lære dialog og forhandling på et plan, som mange indtil da er veget udenom også i forholdet til andre voksne.

6 TEENAGEFAMILIEN

Få stadier i børnefamiliens liv er vel så omgærdet af myter og forventninger som de år, hvor børnene kommer i puberteten og bliver 13, 14 og 15 år, og det er der flere gode grunde til.

Puberteten er børns anden mulighed for at blive sig selv og sig selv bekendt (den første er, som tidligere nævnt, selvstændighedsalderen), og det var ikke hensigten med tidligere generationers børneopdragelse. Målet var, at de skulle blive, som deres forældre havde forsøgt at forme dem. Det lykkedes for mange at leve op til forældrenes billede og forventninger, og nogle af dem fik et godt liv ud af det. Andre måtte gå gennem tilværelsen med en følelse af indre tomhed og en evigt skuffet forventning om, at deres tilpasningsevne bar lønnen i sig selv.

Andre var heldigere. Deres selvopholdelsesdrift vandt over optugtelsen, og en del af prisen var nogle år med næsten konstante og ofte barske konflikter med forældrene. Myten om, at børns pubertet i sig selv er årsag til konflikter med forældrene er netop en myte. Konflikterne skyldes primært forældrenes manglende evne eller vilje til at møde det unikke og selvstændige menneske, deres barn er i færd med at blive. Myten om, at hormonelle forandringer og svingninger i sig selv ligger til grund for familiære konflikter, er i tidens løb blevet brugt flittigt til at (bort)forklare børns og kvinders trang til individualitet.

Enhver konflikt i familien skyldes, at to eller flere mennesker vil noget forskelligt. Derfor er der altid lige så mange årsager til en konflikt, som der er deltagere i den. Det gælder også i familier med teenagebørn, ligesom det stadig er forældrene, der har ansvaret for samspillets kvalitet – for tonen, stemningen og »lugten i bageriet« – og dermed også for den måde, konflikterne forløber eller udarter på.

Det kan være nok så vanskeligt at huske, når ens teenager i øvrigt forsøger at opføre sig som en voksen og forventer at blive behandlet som sådan. Men endnu er han altså ikke voksen i den forstand, at han kan tage ansvaret for samspillets kvalitet.

Som nævnt spiller forældrenes evne og vilje til at møde det selvstændige og unikke menneske, der er kommet ud af barnets DNA-struktur plus familiens og kulturens påvirkning, en vigtig rolle for, hvor indædte og destruktive konflikterne bliver.

I teenageårene vil børn, som indtil da har samarbejdet over evne, ofte blive usamarbejdsvillige, og børn, hvis integritet har lidt overlast, vil blive tydeligt destruktive eller selvdestruktive. Konsekvenserne af forældrenes opdragelse og familiens samspil begynder at dukke op, og det opleves nogle gange som en næsten for ubarmhjertig tilbagemelding på en indsats, som i langt de fleste tilfælde har været helhjertet og velment.

Den kendsgerning, at vi får disse klare og kompetente tilbagemeldinger, skyldes børnenes nuværende alder. Deres form og indhold skyldes vores måde at omgås dem på i de foregående 13-14 år. Tilbagemeldingerne kan være overvejende positive eller overvejende negative, men de er aldrig éntydigt det ene eller det andet. Det er kun os, der sommetider oplever dem sådan, når vi forfalder til at tro, at alting handler om os.

Når børn er blevet 14-15 år gamle, må de nødvendigvis skille sig ud fra og frigøre sig i forhold til forældrene, ellers kan de ikke fortsætte deres vækst som selvstændige, sociale, ansvarlige og kritiske voksne. Det er ikke noget, de gør imod os. Det er noget, de gør for sig selv i naturlig forlængelse af det, vi har gjort for dem.

De principper for samspillet mellem børn og voksne, jeg indtil nu har gjort rede for i bogen, kan i ganske væsentlig grad mindske antallet af destruktive konflikter og danne fundament for et livslangt tillidsforhold mellem forældre og børn, der ikke bygger på en tilpasning til rollerne som mor, far, søn og datter, men på et ligeværdigt venskab. Det følgende er nogle erfaringer, som måske kan være med til at gøre frigørelsen fra rollerne mindre smertefuld og mere meningsfuld.

6.1 Stands opdragelsen

Hvor mærkeligt det måske end lyder, er det mest almindelige overgreb mod teenagebørns integritet: opdragelse – kærlig, velment, insisterende opdragelse. Der er to grunde til, at det forholder sig sådan:

- Selv den bedste og kærligste opdragelse er kontrollerende, regulerende og bedrevidende – og det er der ikke noget i vejen med. Netop disse kvaliteter ved opdragelse gør det muligt for mindre børn at føle sig trygge og i gode, kompetente hænder. Når børnene bliver ældre, opleves præcis de samme kvaliteter som utidig indblanding, uselvstændiggørelse, kritik og undervurdering – og det er de også.

- Når børn kommer i puberteten er det for sent at opdrage på dem. Det vigtigste, børn får med hjemmefra, får de i løbet af de første 3-4 leveår. De næste 6-7 år har forældrenes opdragelse, eksempel og livskvalitet stadig stor indflydelse, og derefter er børnenes vigtigste inspirationskilder jævnaldrende, andre voksne og deres eget indre liv.

Alle unge gør deres forældre opmærksomme på dette i mere eller mindre diplomatiske vendinger lige fra: »Det skal jeg nok selv finde ud af« til: »Bland dig udenom, stodder!« Eller som min søn sagde: »Det er et spørgsmål, om jeg stadig har brug for forældre til at blande sig i den slags.« Jo længere vi er om at høre efter, jo højere skruer de op for lyden.

Men det er ikke revolutionens trompeter, der gjalder. Det er et velment og relevant råd, som de fleste forældre har brug for som et signal om, at de nu kan trække sig tilbage fra forældreskabets frontlinie og bruge den tiloversblevne tid og energi på sig selv og hinanden.

Problemet med den insisterende, bedrevidende opdragelse er, at den sender to budskaber, som de færreste unge kan svare stilfærdigt og imødekommende på.

Det første budskab er:

– Jeg ved, hvad der er godt for dig!

Når man er i puberteten og i fuld gang med at finde ud af, hvem man egentlig selv er, er det enten provokerende eller meningsløst, hvis ens forældre gør sig kloge på det.

Det andet budskab er:

– Jeg er ikke tilfreds med dig, sådan som du er!

Det er ulideligt at blive konfronteret med præcis på det tidspunkt, hvor man for det første ikke ved, hvem man selv er under opdragelsens fernis, og for det andet ikke er sikker på, hvor godt man bryder sig om sig selv.

På dette tidspunkt er det bedste, forældre kan gøre for sig selv, hinanden og den unge, at læne sig tilbage og nyde resultatet af de forløbne års anstrengelser. Og skulle de ikke være være helt udelt begejstrede for det, de ser og oplever, må de forsøge at nyde det alligevel!

Det har den unge nemlig fortsat brug for resten af livet: Et par forældre, som alt andet lige står helhjertet bag hendes forsøg på at blive sig selv og sig selv bekendt.

Konfronteret med skaberværkets relative ufuldkommenhed, gør mange forældre det modsatte: De læner sig frem i stolen og intensiverer opdragelsen i håb om, at det stadig kan nås. Det kan det ikke. I det mindste ikke af forældrene.

Mange moderne forældre, der kaster sig ud i denne sidste-øjebliks-opdragelse, gør det ikke så meget af overbevisning, som fordi de ikke ved, hvad de ellers skal stille op med deres kærlighed og ansvarsfølelse. De er så vænnet til at forlange aktivitet af sig selv, at det at læne sig tilbage og nyde det unge menneske på godt og ondt opleves som uansvarlighed. De føler sig værdifulde som forældre, hver gang de er i aktion og glemmer, at det ofte forhindrer den unge i at opleve sig selv som en værdifuld del af deres liv.

I samklang med vores traditionelle syn på børn og unge har vi udviklet et sprog, som er meget anderledes end det, vi tiltaler andre voksne i. Det er karakteriseret ved at være bedrevidende, nedladende og invaderende; i bedste fald venligt og omsluttende og i værste fald kritisk krænkende. Det formidler klart det bagvedliggende menneskesyn: Du er endnu ikke et ligeværdigt menneske. Så længe det faktisk var voksnes syn på børn, var der i det mindste overensstemmelse mellem sprog og holdning, men i dag, hvor mange voksne ikke mere står inde for denne holdning, bliver tonen disharmonisk og budskabet dobbelt.

Særligt i teenageårene virker dette sprog med rette stødende, fordi det ignorerer den unges individualitet, men også i forhold til meget yngre børn hæmmer det kontakten. Den bedste måde at rydde op i denne sprogbrug på er at gennemføre følgende eksperiment nogle hundrede gange: Hvis jeg havde denne konflikt med min bedste voksne ven eller veninde, hvordan vil jeg så udtrykke mig? Når man har fundet svaret, er man på et mere konstruktivt spor, og hvis man ikke er, er der måske noget, man skal have talt igennem med sin bedste ven!

Vi har i mange år lidt af den misforståelse, at børn og

unge skal kunne forstå hvert ord, vi siger til dem og dermed går meget væsentlige dele af budskabet ofte tabt. Vi mister simpelthen det personlige udtryk og erstatter det med det pædagogiske udtryk, og dermed bliver kontakten dårligere, end den behøver at være; både kontakten med os selv og med barnet. Selv i forhold til meget små børn kan voksne roligt udtrykke sig uden pædagogisk redaktion, når det drejer sig om personlige og mellemmenneskelige forhold.

Også i forhold til teenagere er det vigtigt at forældre bliver ved med at være aktive sparringspartnere. Det er vigtigt, at de reagerer og udtrykker deres meninger og holdninger, men ikke med det opdragende formål at ændre eller forme den unge. Det er forskellen på bedrevidende opdragelse og ligeværdig dialog.

Når den 14-årige datter har præsenteret sin kæreste og spørger sin mor: »Er han ikke bare sød?«, er forskellen på utidig opdragelse og ligeværdig dialog:

– Som han dog opfører sig. Han er bestemt ikke noget for dig!

Og:

– Han er ikke lige mit nummer, men jeg nyder at se dig med julelys i øjnene.

I forhold til teenagere er det ligesom i forhold til voksne vigtigt at stille sig til rådighed i stedet for at mase sig på, som om man havde partoutkort til deres tanke- og sjæleliv:

– Det har jeg en mening om. Vil du høre den?
– Det bliver jeg nødt til at blande mig i. Vil du høre efter, hvis jeg gør det nu?
– Jeg er urolig for, hvad der foregår med dig og jeg vil gerne snakke med dig om det. Kan det blive nu?

Det er ikke et spørgsmål om at være høflig i almindelig social forstand. Det handler om at udtrykke principiel respekt for et andet menneskes suverænitet og at indbygge de 10 sekunders pause i dialogen, som ofte afgør, om initiativet opleves som en krænkelse eller en invitation til dialog. For mange teenageforældre bliver dette en mulighed for at genopdage hinandens sårbarhed og grænser og genetablere den sensitive respekt, som ofte glider i baggrunden efter nogle års samliv.

6.2 Forældrenes tab

Den unges frigørelse er samtidig et smertefuldt tab for forældrene. Så smertefuldt at mange ikke ser det i øjnene før flere år senere, og nogle gør det aldrig.

Den livsnødvendige og værdifulde rolle, de indtil nu har spillet i barnets liv, er forbi, og selv om de stadig er forældre, og der stadig er brug for dem, er deres rolle som opdragere og ansvarlige for børnenes liv udspillet for altid.

Samtidig er der tale om nogle mere konkrete tab:

– Tabet af nærhed. Pludselig vil de hellere være sammen med kammerater eller sidde alene på deres værelse og høre musik.
– Tabet af magt og kontrol. Både den fysiske overmagt og mulighederne for at kontrollere deres indre og ydre liv.
– Tabet af fortrolighed. Deres privatsfære udvides og fortroligheden gives ofte til en ven, veninde eller kæreste.

Tabet opleves forskelligt af forældre. For nogle kommer det som en chokerende, grådkvalt erkendelse; for andre som små skyer af tristhed, og for atter andre føles det mest som en lettelse. Først når tabet ses i øjnene, kan forældrene ændre deres position fra frontlinie til baglandet.

Mange forældre ved ikke (eller har glemt) at denne positionsændring i forhold til den unge er nødvendig, og da den

unge under alle omstændigheder skiller sig ud, kommer smerten over tabet bag på dem. Denne indre virkelighed – det uerkendte tab – kommer ikke så sjældent til udtryk som næsten paniske eller direkte aggressive forsøg på at sætte sig igennem som opdrager og kontrolinstans.

Eksempel:
Line er 16 år. Hun er blevet inviteret til fest lørdag aften hos en venindes bekendte.

- Må jeg godt gå til fest med Eva på lørdag. Hun har fået lov.
- Hvad er det for en fest? Hvem er det, der holder fest, og hvor foregår den fest egentlig? Er det nogen, du kender?
- Det er nogen af Evas venner. Det er bare en almindelig fest.
- Vi kender ikke denne Evas venner. Hvem er de, og hvor gamle er de? Er der nogen voksne hjemme?
- Nej, det tror jeg i hvert fald ikke.
- Jamen du må da vide noget! Der må være noget, du ikke fortæller. Hvordan vil du have, vi skal kunne stole på dig, når du ikke vil svare på det, vi spørger om? Det er vel ikke unaturligt, at forældre interesserer sig for deres børn. Eller er det måske det nu om dage?

Situationen er klassisk. Forældrene er helt ude i forreste frontlinie og har bemandet alle grænseovergange. Line modtager et massivt budskab: Vi har ikke tillid til dig, og vi anser dig for helt ude af stand til at tage et personligt ansvar. Vi er ikke færdige med dig endnu, min pige, men når vi engang bliver det, vil du sætte pris på, at dine forældre ikke gik ind for ligegyldighed og slendrian!

Hvis Line og hendes ligestillede er kreative, lærer de hurtigt at give forældrene de svar, de helst vil høre, eller også holder de simpelthen op med at sige noget, der bare ligner sandheden. Før eller siden får forældrene deres bevis for, at de ikke er til at stole på, og så kører den onde cirkel.

Alternativet:

- Jeg er inviteret til fest på lørdag sammen med Eva og nogle af hendes venner. Hvad siger I til det?
- Er det en fest, du har lyst til at gå til?
- Ja! Jeg tror det bliver skægt, fordi der kommer så mange, jeg ikke kender.
- Godt. Vi har ikke nogen særlige planer for weekenden, så hvis du selv er tilpas med det, har vi ikke nogen indvendinger. Hvis du skal hentes eller bringes, vil vi godt vide det så tidligt som muligt.

Eller:

- Vi har faktisk planer om at besøge onkel Ib i weekenden og vil gerne have dig med. Hvordan lyder det?
- Jeg vil altså hellere til fest. Der kommer en masse nye mennesker, og jeg tror, det bliver skægt. Skal I bare besøge onkel Ib, eller skal der ske noget særligt?
- Vi skal bare på almindeligt besøg. Tænk over det og lad os vide, hvad du bestemmer dig for. Hvis det bliver festen, vil vi gerne vide, hvordan du kommer frem og tilbage, og hvor du sover.

Eller:

- Du ved godt, at jeg ikke bryder mig om Eva og hendes venner, så jeg synes ikke, du skal gå med til den fest!
- Hvorfor har du altid noget imod Eva? Hun er da helt fin og almindelig. Det er bare fordi du ikke kender hende rigtigt.
- Jeg ved ikke, hvordan Eva i virkeligheden er. Sagen er, at jeg ikke kan lide tanken om, at du skal til fest sammen med hende. Det behøver du ikke rette dig efter, men sådan har jeg det altså med den fest.

Eller:
– Det kan jeg godt sige dig: Det vil jeg simpelthen ikke ha'!

Sagen drejer sig ikke om en fest. Den drejer sig om forældrenes mulighed for at udøve deres forældreansvar og Lines mulighed for at praktisere sit personlige ansvar.

Når teenagere spørger om lov, er det vigtigt, at forældrene nedtrapper deres rolle som lovgivere, medmindre det drejer sig om deres penge eller ejendom. Det skal være muligt for forældrene at give udtryk for deres uforbeholdne mening for fuld musik, uden at det opfattes som udtryk for magtmisbrug. Denne mulighed skal være etableret i de foregående års forhandlinger om sociale grænser, hvor børnene får mulighed for at udvikle deres personlige ansvarlighed.

Det sætter forældrene fri til at sige:

– Det vil jeg simpelthen ikke ha'! (underforstået: Og Gud nåde og trøste dig, hvis du bliver hjemme fra den fest, bare fordi jeg siger det)!

Altså: Nu ved du, hvor jeg står og så går jeg ud fra, at du indkalkulerer det i din beslutning på den måde, du finder rigtigst. Præcis samme etik som må gælde for voksnes samliv.

Vi må være frie til at udtrykke os med det formål at gøre indtryk på den anden, men ikke for at misbruge vores følelsesmæssige, fysiske eller økonomiske magt.

Hvis Line går til festen, bliver forældrenes funktion som bagland eller sikkerhedsnet aktuel. Hvis hun hen på søndagen ser trist og modfalden ud eller virker ude af balance, kan en af forældrene lægge en arm om skulderen på hende med et: »Du ligner en mislykket fest, Line. Har du lyst til at snakke om det?«

Hvis svaret er »nej«, er man stødt på grænsen for Lines

privatliv, og så må begge parter finde tilbage i balance hver for sig. Hvis svaret er »ja«, viser der sig måske et behov for voksen bedreviden, men sandsynligvis er der mest brug for, at forældrene lytter og kvitterer med en mere personlig kommentar. Det er kun Lines egne ord, der kan bringe hende tilbage i balance og integrere hendes dårlige erfaring.

Forældrenes funktion i baglandet er en meget vigtig funktion. Ikke som en opdragende eller kontrollerende funktion, men fordi det er vigtigt for os mennesker, at vi har kærlige og omsorgsfulde *vidner* til vores liv. Helst vidner, der er villige til at lære at dele ud af deres omsorg, når vi har brug for den og ikke, når de selv føler behov for at gøre sig nyttige. Det tager almindeligvis nogle år at lære, men til gengæld er der brug for det de næste 30-40 år.

Når børnenes frigørelse begynder, sker der også noget andet betydningsfuldt i forældrenes liv. Partnerskabet mellem de voksne og deres individuelle liv kommer igen i fokus, og der skal justeres på balancen mellem forældreskabet og partnerskabet. Teenageforældres liv er på flere måder i symmetri med børnenes: Begge gennemgår en kritisk livsfase, hvor identiteten og meningen med tilværelsen er i fokus; begge skal frigøre sig fra gamle roller og funktioner og håndtere usikkerheden i forhold til det nye; begge skal definere sig som individer, for at familien og andre fællesskaber kan justeres i forhold til den nye livsfase, og begge er de tilbøjelige at klamre sig til det, der var, med den ene hånd; det er børnenes biologiske lod at blive voksne og en af de voksnes oplagte muligheder for personlighedsmæssig modning.

6.3 Hvem bestemmer?

Det er fortsat forældrenes vigtigste opgave at være ansvarlige for atmosfæren i familien – dvs. ansvarlige for samspillets kvalitet, som igen er afgørende for den enkeltes adfærd og trivsel. Dette ansvar kan ikke uddelegeres. Det kan derimod en del af ansvaret for de praktiske gøremål, som er nødvendige for familiens daglige drift: vask, madlavning, indkøb, rengøring o.l.

I Skandinavien har vi i snart mange år anset det for en selvfølge, at unge tager en rimelig del af ansvaret for disse praktiske funktioner i familien, mens man i store dele af resten af Europa ser helt anderledes på det. Her er drengene helt fritaget og pigerne mere eller mindre forpligtet, men man kan stadig møde masser af familier, hvor også udearbejdende mødre har hele ansvaret, og end ikke har fantasi til at forestille sig, at tingene kan være anderledes.

Sådan som jeg ser det, er der kun én ting, der afgør om og i hvilken udstrækning unge skal forpligtes til at hjælpe til med familiens daglige drift. Det er udelukkende et spørgsmål, om forældrene vil have det eller ej, og det er efter min erfaring særdeles vigtigt, at forældrene gør sig det helt klart.

Det er det af flere grunde. Hvis forventningen er, at de »tager det af sig selv«, bliver forældrene enten frustrerede over alt det, de ikke tager af sig selv, eller også bliver de unge overbelastede af at påtage sig alt for meget ansvar, fordi de ikke ved, hvad der forventes af dem. Hvis forældrene forholder sig moralsk til det, så der hænger et »børn bør hjælpe deres far og mor« og dirrer i luften, skaber det let en halvsur stemning i familien. Hvis forældrene gør det til et bytteforhold (serviceydelser for kærlighed) skaber det enten skyldfølelse og/eller permanent utilfredshed, fordi der er tale om to helt uforenelige valutaer. Hvis det bliver en militær pligt, undgår man hverken standretter eller desertører.

Det er ofte betydeligt vanskeligere for forældre at sige, hvad de vil have, end man måske umiddelbart skulle tro. Mange forklarer sig med, at »det skulle vel heller ikke være nødvendigt«, men kan alligevel ikke, når det så bliver nødvendigt. Andre insisterer på, at de har sagt det titusinde gange, og atter andre har skudt en genvej og skabt et sæt firkantede regler med tilhørende kontrol og sanktionsmuligheder.

Det er et fællestræk ved de familier, der har vanskeligheder på dette område, når børnene bliver store, at de også har haft det tidligere. Ofte skyldes det, at forældrene aldrig har taget sig selv og deres krav alvorligt og derfor f.eks. har udviklet et dobbeltspil i forhold til børnene. De har måske bedt børnene om at rydde op 5 eller 10 gange i løbet af en dag og derefter endt med at gøre det selv. Måske har der altid været mere eller mindre konflikt på dette område; konflikter som aldrig er blevet rigtigt alvorlige, men heller aldrig er blevet ordentligt bearbejdet. Endelig kan det også skyldes, at børnene har oversamarbejdet med nogle alt for firkantede krav, hvad enten disse nu har været direkte eller indirekte.

Også på dette område er det vigtigt, at grænser og krav bliver udtrykt i et direkte, personligt sprog som indledning til en forhandling.

– Vi har talt sammen om det, og vi vil gerne have, at du påtager dig ansvaret for ... eller noget andet, som kan være en tilsvarende hjælp for os. Hvad siger du til det?

Hvis reaktionen er:
– Hvorfor skal jeg det?

Er svaret:
– Fordi vi vil have det sådan. Ikke nødvendigvis de ting vi lige har nævnt, men vi vil have, at du yder et praktisk bidrag til familiens liv.

Hvis reaktionen er:
– Nej, det er altså for meget! Hvordan skal jeg nå alt det andet, jeg skal?

Er svaret:
- OK. Lad os høre, hvad du finder rimeligt.
- Jamen ... det ved jeg ikke. Det er bare for meget. Kan jeg ikke bare slippe for noget af det?
- Det kan du måske nok, men du må selv komme med et forslag. Nu ved du noget om, hvad vi synes, er et rimeligt krav i forhold til familiens behov, og nu vil vi gerne høre, hvad du synes.

Det er afgørende vigtigt at placere ansvaret der, hvor det hører hjemme: de voksnes hos de voksne og den unges hos ham eller hende. Det kan betyde, at følgende replikker først skal slettes af den automatiske forældretelefonsvarer:

- Nej, ved du nu hvad! Det kan altså ikke være urimeligt at ...
- Hvis der skal være så meget vrøvl, skal vi måske snakke om dine lommepenge.
- Det er da ikke unaturligt, at børn i din alder ...
- Sikke noget pjat! Du kan da ikke mene, at din mor ...
- I betragtning af hvad det koster os ...
- Da jeg var i din alder ...
  (Listen er meget længere, men den bliver hverken mindre pinlig eller mere effektiv).

Som tidligere nævnt varierer forældrenes behov for hjælp og aflastning fra familie til familie, og der findes ingen krav eller praktiske opgaver, som har nogen særlig pædagogisk værdi. I heldigste fald er der nogle opgaver, som familiens unge har mere lyst til end andre, men lyst har egentlig ikke noget med sagen at gøre. For de allerfleste sunde og aktive teenagere kommer opvask, rengøring, madlavning etc. først langt nede på deres liste over, hvad der er vigtigt i tilværelsen, eller også er de placeret under rubrikken »pludselige indfald«. Sådan er det uden al tvivl bedst for deres eget, aktuelle liv, men ikke nødvendigvis mest hensigtsmæssigt for deres families dagligliv.

Forældrenes ansvar for samspillets kvalitet og deres praktiske krav til familiens unge hænger sammen. Princippet er, at det er vigtigere, hvordan beslutningsprocessen i familien forløber, end hvad den munder ud i. Det er bedre at tage sig god tid end at gå på hurtige kompromiser af hensyn til husfreden, ligesom det er bedre at sikre sig, at begge parter bliver taget alvorligt end at skære igennem med en »retfærdig« løsning.

I mange familier bliver de voksne først for alvor konfronteret med kvaliteten af deres hidtidige beslutningsprocesser, når børnene bliver gamle nok til at sige fra. Forældrene har indtil da overlevet på et indviklet regnskab af halvhjertede kompromiser og automatisk pligtfølelse, som under alle omstændigheder forårsager en langsom underminering af deres indbyrdes forhold, der senest viser sig, når børnene er flyttet hjemmefra. Jeg minder om, at børns usamarbejdsvillige adfærd for det meste er tegn på, at der er for meget oversamarbejde i familien.

I nogle familier sker der det, at en af de unge pludselig står helt af og nægter at leve op til sine aftaler og pligter uden nogen egentlig begrundelse. Det sker efter min erfaring på meget forskellig baggrund. Det kan ske med baggrund i en meget rigid opdragelse, men også i tilsyneladende fleksible familier. Det er dog ofte karakteristisk for de fleksible forældre, at netop deres krav om fleksibilitet, hensynsfuldhed og socialt ansvar viser sig at være stærkt moralske og i den forstand rigide. De viser sig ofte at have været tyngende eller blokerende for familien igennem lang tid, inden den unge påtog sig ansvaret for at sige fra.

Når noget sådant sker i en familie, og hverken skænderier eller fornuftige samtaler hjælper, er der kun ét at gøre: Den

unge må officielt fritages for alle sine pligter over for fælleskabet på ubestemt tid.

Hvorfor nu det?

Fordi hans adfærd er et signal om, at der over lang tid har udviklet sig en faretruende ubalance mellem hans personlige ansvar og hans sociale ansvar. Hvis hans integritet ikke var truet, ville han ikke optræde så radikalt usocialt. Hvis hans sociale ansvarlighed skal reetableres til et anstændigt niveau, må han derfor hjælpes tilbage til sit personlige ansvar, som jo er forudsætningen for en reel social ansvarsfølelse.

For de fleste voksne lyder det enkelt, men stærkt provokerende. Til gengæld er det mig bekendt det eneste, der med stor garanti virker og endnu vigtigere – virker på et acceptabelt etisk grundlag. Ifølge mine erfaringer varer det gennemsnitligt 6 til 8 måneder, før den unge igen begynder at vise sin hjælpsomhed i familien. I det omfang forældrene kan finde ud af at byde hjælpsomheden velkommen og afstå fra at drive rovdrift på den, vil den unges sociale ansvarlighed inden for familiens rammer være solidt etableret efter et år eller halvandet. Dertil kommer den ikke uvæsentlige hovedgevinst: At hans personlige ansvar er under udvikling og ikke mere bygger på trods.

Denne helingsproces er svær for begge parter at stå igennem. Det er svært for den unge ikke at bidrage til fællesskabet (man skal ikke lade sig narre af, at hans første reaktion måske er: »Fedt nok, mand!«) Den er ofte endog meget vanskelig for forældrene, fordi de skal tænke og handle stik imod alt, hvad de har lært er helligt.

Det undgår ikke at blive en gensidig udviklingsproces, hvor forældrene må se i øjnene, at de ikke altid havde dækning for deres moralkodeks. Det betyder ikke, at deres moralbegreber var »forkerte«, kun at de var visnet hen til automatiske læresætninger uden det levede livs substans.

Det er forældrene, der bestemmer. Det er dem, der er kaptajner på skibet. Om det når sikkert i havn og undgår mytteri, afhænger af, hvor ansvarligt de udøver deres magt, og hvor villige de er til at korrigere fart og kurs efter vindens og besætningens beskaffenhed.

6.4 Når det næsten lykkes

Sommetider lykkes det kun næsten, og det barn, man har investeret sit hjerteblod i gennem hele dets opvækst, viser sig pludselig at være på vej ud på et skråplan i form af kriminalitet, misbrug eller andre former for adfærd, som forældrene har lagt vægt på at undgå.

Jeg kender ingen situationer, hvor det er mere fristende for forældre at genoptage eller intensivere opdragerrollen i et fortvivlet forsøg på at standse udviklingen. Men selv om både smerten og viljen er stor, er det stadig for sent at opdrage, og det tjener kun til at forværre situationen for begge parter.

Der er 3 ting, forældre kan gøre i denne situation, når lammelsen eller panikken er aftaget lidt:

– Forældrene må forsøge at dele skyldfølelsen, selvbebrejdelserne og bebrejdelserne med hinanden og andre voksne. Ingen af delene er virksomme eller frugtbare for kontakten med den unge, hvorimod det er nødvendigt for forældrene at få dem renset helt eller delvist ud af systemet, så der kan frigøres energi til at forholde sig til ansvaret og fremtiden.
– I kontakten med den unge er det vigtigt at fastholde eller forsøge at indbygge de generelle principper, som er nævnt i det foregående. Børns og unges selvdestruktive adfærd er ikke rettet mod forældrene. Den er først og sidst en underminering af deres egen menneskelighed.

De voksne må forsøge at være så direkte og personlige, som de på det tidspunkt kan – dvs. selv tage ansvaret for deres følelser og reaktioner og ikke forsøge at overtage rollen som hverken behandler, politi, dommer eller præst.

– Forældrene må tage ansvaret for at få hjælp til familien.

Det er i første omgang ikke så vigtigt, om det er en god ven af familien, en lærer, en præst eller en professionel familieterapeut. Det vigtigste er, at hele familien får hjælp, også de øvrige børn eller unge. Alle føler sig medskyldige og alle kan være medansvarlige.

Når et ungt menneske begynder at optræde selvdestruktivt, er der mange faktorer, der spiller ind og har spillet ind. Der er kammeraterne, de sociale og økonomiske forhold i samfundet og familien, kulturen, børne- og ungdomspolitikken i lokalsamfundet m.fl. Og så er der familien.

Uanset hvor magtfulde de øvrige faktorer kan synes at være, må vi som forældre se i øjnene, at noget i vores måde at være sammen med vores sønner og døtre på har gjort dem sårbare. Noget af det, vi har givet dem eller forsømt at give dem, har gjort det umuligt for deres selvfølelse og egenansvarlighed at vokse sig stærke og modstandsdygtige. Vi har gjort det bedste, vi kunne, og helt uskyldigt er vi blevet medskyldige.

Vores vigtigste bidrag til den unges fortsatte liv er derfor, at vi påtager os et medansvar. Det er vigtigt for vores egen sjælefreds skyld og det er vigtigt, fordi det personlige medansvar, vi ikke tager, ender ovre hos den unge som skyld og gør ham dermed yderligere sårbar.

Der er to vigtige grunde til at få hjælp udefra, ud over dem jeg allerede har nævnt.

– Ingen forældre kan overskue eller gennemskue samspilsprocessen i deres egen familie. (Jeg og mine kollegaer

225

blandt psykologer og familieterapeuter kan bevidne, at det også gælder såkaldte eksperter). Det er vigtigt at få hjælp til at se de destruktive processer, der er og har været i familien, fordi det er dem, vi må tage ansvaret for. Ansvaret for at de var der og ansvaret for at forsøge at erstatte dem med nogle mere konstruktive, hvis de stadig findes.

– Det er uhyre begrænset, hvad det offentlige hjælpeapparat kan stille op uden familiens vilje til at se på sig selv og til at forandre sit samspil.

I de år, der er mellem pubertetens begyndelse og voksenlivet, er unge i en ganske særlig situation, som gør det meget vanskeligt for dem at ændre en selvdestruktiv adfærd uden den hjælp fra forældrene, som er beskrevet ovenfor.

De er lige ved at være færdige med at have udviklet den personlighed og adfærd, som deres genetiske arv og opvækst i familien har kodet ind i dem. De har opretholdt den balance mellem hensynet til sig selv og trangen til at samarbejde med forældrene, som det nu engang var muligt i deres familie. Det har bogstaveligt talt været 15 års hårdt arbejde, hvis konklusion i form af personlighed og adfærd nu begynder at træde tydeligt frem.

De er, uanset deres nogen gange rå og knubrede overflade, nøjagtig lige så sårbare som sommerfugle, der lige er kommet ud af puppen og sidder og tørrer vingerne i solen. Når det næsten er lykkedes, begynder nogen af dem at gøre destruktive og selvdestruktive ting, som de er uskyldige i, men ansvarlige for. Hvis forældrene eller andre voksne gør dem skyldige, stivner deres adfærdsmønster, og det selvdestruktive bliver næsten umuligt at få bugt med. Hvis de voksne derimod er parat til at påtage sig et aktivt, personligt medansvar, bliver det muligt langsomt at udvikle den selvfølelse, der er forudsætningen for, at de kan behandle sig selv bedre.

7 FORÆLDRENE

Selv om andre familieformer end far-mor-børn-familien bliver mere og mere almindelige, har jeg valgt at koncentrere dette kapitel om samlivet mellem to voksne og deres funktion som forældre. Principperne for voksenliv er ikke så forskellige.

I lighed med de foregående kapitler er dette ikke en detaljeret »kogebog«, men en skitsering af nogle frugtbare principper for voksent samliv og forældreskab. Jeg tror ikke, det kan være anderledes i disse år, hvor mange af os kæmper, slider og eksperimenterer med at finde måder at leve sammen på, som kan modsvare det spring i udviklingen, der fandt sted i 60'erne og 70'erne.

Ægteskabet har i århundreder været nøglen til social tryghed og accept for både mænd og kvinder, med kvinderne som dem, der var mest udsatte, hvis de stod udenfor. Sådan er det stadig i mange lande, mens der hos os er opstået helt nye krav og forventninger til ægteskabets og parforholdets rolle i den enkeltes tilværelse. Nogle har opgivet håbet om, at de selv eller potentielle partnere kan leve op til disse forventninger og vælger derfor at få børn og opdrage dem alene. For andre er deres status som eneforældre en midlertidig nødløsning og for atter andre er børn blevet et symbol på ufrihed, som de prioriterer efter samme forretningsmæssige principper som anskaffelse af hårde hvidevarer og vurdering af karrieremuligheder.

Når jeg sammenligner mine erfaringer fra det terapeutiske arbejde med par fra de lande og kulturer, jeg kender til,

227

træder 2 ting tydeligt frem. Den første er, at de dybere konflikter og problemer i kærlighedsforholdet mellem to voksne er de samme overalt. Kultur og religion farver kun overfladen. Den anden er, at det ulige forhold mellem mænd og kvinder kun har kort tid tilbage som model for det gode ægteskab. Måske er jeg for optimistisk, måske er det, som en gammel ven og kollega sagde, at »når man har en hammer, begynder alting hurtigt at ligne søm!«

Jeg håber det nu ikke. Så vidt jeg kan se, er der en meget spændende og frugtbar udvikling i gang, hvor menneskelig værdighed spiller en betydeligt mere fremtrædende rolle, end den har gjort tidligere. Det er denne nye prioritering af værdighed og ligeværdighed, dette kapitel tager afsæt i og forsøger at formulere nogle generelle principper for. Det gælder efter min erfaring for samspillet mellem de voksne som for deres samspil med børnene, at ligeværdighedens princip kræver stor respekt for forskelligheden og at konkrete anvisninger på, hvordan »man« gør, derfor bør tages med en håndfuld salt, medmindre man har ambitioner om at erstatte levet liv med iscenesat liv.

7.1 Forskellighed

Når vi mødes, forelsker os og beslutter at leve sammen, er vi langt mere forskellige, end vi er ens. Vi ved det allesammen – og alligevel er det, som om kærligheden sløver sanserne og hensætter os i en fantasiverden, hvor vi bilder os selv og hinanden ind, at kærlighed og samliv handler om at blive så ens som muligt. I den første fase af samlivet forsøger vi at opnå denne ensartethed ved at opgive os selv til fordel for samhørigheden, og noget senere begynder vi at ønske eller forlange, at den anden hakker en hæl og klipper en tå som et kærlighedspant og bevis på deres forpligtelse over for fællesskabet. Det er den evigtgyldige, universelle rytme, som ikke kan forebygges, men kun afbrydes eller gennemleves.

Når vi ser på de 2 voksnes potentiale som forældre, er den vigtigste forskel, ud over kønsforskellen, forskellen i personlighed, adfærdsmønster, neurose eller hvad vi nu vælger at kalde den.

Jeg foretrækker at kalde det vores forskellige overlevelsesstrategier, som har formet sig efter de muligheder og begrænsninger, der var i vores opvækstfamilier og den kultur, de repræsenterede. Vores overlevelsesstrategi er den måde, vi har lært at håndtere konflikten mellem integritet og samarbejde på, så den blev så tålelig for os selv som muligt og så acceptabel for vores forældre som muligt.

Vores overlevelsesstrategi er altid delvis selvdestruktiv. Uanset hvad vores følelsesmæssige hukommelse siger os om vores barndom, har vi fået nogle sår og udviklet nogle usunde måder at behandle os selv på. Nogle af os har søgt tilflugt i ensomheden, og andre er smeltet sammen med de voksnes krav og forventninger af længsel efter fællesskabet – og dertil kommer alle variationerne og mutationerne indimellem.

Det vigtigste i denne sammenhæng er at huske to ting:

- Vores selvdestruktive adfærd er samtidig altid destruktiv for vores nærmeste og for fællesskabet med dem. Så snart de begynder at elske os, åbner de sig mod os og bliver sårbare. Fordi vi har levet meget længere med vores selvdestruktive tendenser, er vi ofte enten blevet immune for smerten eller har resigneret over for den. For vores partner og børn, som lige har mødt os, gør den meget hurtigere indtryk.

Den overlevelsesstrategi, som var velegnet i vores opvækstfamilie, er sjældent i den næste familie.

Det er netop en *overlevelses*strategi og ikke en *livs*strategi.

– Der findes to ting, der i kombination med hårdt arbejde kan hjælpe os med at forvandle overlevelsesstrategien til en livsstrategi: de andres kærlighed og vores egen trang til at være så værdifulde for deres liv som muligt.

Hvis vi stifter familie første gang, inden vi er blevet 30 eller 35, kender vi hverken os selv eller den anden. Vi kender kun de to overlevelsesstrategier, de to personligheder. Og da vores forelskelse netop indebærer, at vi føler os veltilpas med os selv og hinanden, tænker vi naturligvis ikke på, at vi snart skal i gang med at udvikle og ændre os.

For tidligere generationer var kravet ikke udvikling, men tilpasning. Den nye familie betød en gentagelse af opvækstfamiliens krav om selvopofrelse, om at afstå fra sig selv for den andens skyld.

For den moderne, ligeværdige familie er betingelserne principielt helt anderledes: *Et konstruktivt fællesskab med partner og børn kræver, at vi er villige til at udvikle os som mennesker – ikke på de andres præmisser, men ofte inspireret af deres smerte.*

Vores overlevelsesstrategier er oftest helt forskellige og det samme gælder det modspil, den inspiration og den tid, vi behøver for at blive parat til udvikling. Den voksne partner kan være mere eller mindre tålmodig eller have en høj eller lav smertetærskel, men børnene moser bare lige på i deres fuldstændige tillid til, at vi er perfekte og almægtige. Deres muligheder for at udvikle mindre selvdestruktive personligheder afhænger for en stor del af vores vilje til at afvikle dele af vores. Gensidigheden har afløst énsidigheden.

Der er sagt og skrevet mange smukke ting om forskelligheden som inspirationskilde, og de er allesammen sande. Når vi bliver forældre, og livets udvikling bogstaveligt talt står på spil, opleves forskellene mellem os ofte mere belastende end inspirerende. Somme tider hjælper det at minde sig selv om følgende kendsgerning: Når to voksne bliver forældre, har de (i heldigste fald) tilsammen ca. en trediedel af den erfaring, indsigt og know-how, der skal til for at gøre det nogenlunde hæderligt. Resten må de lære af hinanden og af børnenes kompetente tilbagemeldinger undervejs.

Det ligger i sagens natur, at denne læreproces væsentligt består af konflikter og derfor betaler det sig at bruge kræfterne på at lære, hvordan man gør konflikter konstruktive, i stedet for at bruge dem på at finde ud af, hvem der er mest »rigtig«.

Eksempel:

Hun: Det kan altså ikke være rigtigt, at hun skal græde, hver gang du skifter hende. Hvorfor skal du også altid være så hård ved hende?

Han: Når hun skal skiftes, så skal hun skiftes. Det kan godt være, at du har tid til at lege med hende i timevis hver gang, men hun kan lige så godt lære, at der er nogen ting der bare skal overstås!

Hun: Jamen, du kan da selv se, at det ikke er rart for hende.

Han: Jeg taler ikke om, om det er rart eller ej. Jeg taler om, at nogle ting bare skal overstås, og så kan man lege bagefter. Hvad når hun skal i vuggestue? Du tror måske, de har tid til at tage specielle hensyn til hende!

Konflikten er klassisk mellem forældre i den forstand, at to meget forskellige holdninger lægges for dagen, og at de feminine værdier er på kollisionskurs med de maskuline. Vi kan sympatisere mere med den ene end med den anden, men det er det mindst vigtige i denne konflikt. Det vigtig-

ste er, at de fælder dom over hinandens måde at gøre tinge-
ne på: Din er for hård! Din er urealistisk!

Konflikten kunne også være forløbet således:

Hun: Det kan altså ikke være rigtigt, at hun skal græde,
hver gang, du skifter hende. Hvorfor skal du altid
være så hård ved hende?

Han: Det kan godt være, at jeg ikke gør tingene på din
måde, men jeg gør dem altså på min! OK?

Hun: OK så da ...

Dette forløb er et eksempel på, hvad der sker, når respekt
for forskellighed reduceres til en frase. Tidligere tiders dog-
me om underkastelsens nødvendige kompromis er her for-
vandlet til den moderne individualismes mangel på kon-
takt. Han er alene med sin holdning, hun med sin
bekymring – og barnet med sin gråd. Konflikten er berøvet
sit sprog og sine følelser, men langt fra desarmeret.

Hvis dialogen skal være meningsfuld og konstruktiv, må
den være personlig og handle om forældrene. Man kan med
nogen ret hævde, at holdninger er personlige, og at hold-
ningsdiskussioner også kan være konstruktive. Forudsæt-
ningen er, at de udelukkende handler om holdninger, og
det gør de meget sjældent, når voksnes samliv og omgang
med børn er på dagsordenen.

Når det, som i dette eksempel, er personlig smerte og fru-
stration, der er konfliktens indhold, må der en personlig
dialog til.

Hun: Hør her. Det piner mig, at Sara altid græder, når du
skifter hende. Kan vi snakke om det nu?

Han: Ja, det kan vi da godt. Har jeg nu igen gjort noget
forkert!

Hun: Jeg ved ikke, om det er forkert. Jeg ved bare, at det

piner mig hver gang, så jeg har mest lyst til at gå ud til jer og hjælpe jer med at finde bedre ud af det sammen. Jeg ved ikke, om du bliver sur, hvis jeg blander mig og det er derfor, jeg er nødt til at snakke med dig om det nu ... Jeg tror, at det, jeg måske har mest brug for at høre, er, hvordan det er for dig?

Han: For mig er det ikke noget problem. Jeg ville da hellere, at hun grinede hele tiden, men det skal jo overstås.

Hun: Måske er vi ikke så forskellige så. Er du interesseret i nogle gode forslag?

Han: Næh, egentlig ikke ... Jeg ved bare ikke rigtigt, om jeg kan gøre det anderledes ... på min måde, mener jeg.

De fleste konflikter kan med fordel standse på dette sted. Det er lykkedes parterne at høre hinanden og at tage hinandens grænser alvorligt. De har gjort indtryk på hinanden i stedet for at prøve at overbevise, og samtalens »musikalske« kvalitet er vigtigere for hele familiens trivsel end en evt. konklusion eller aftale. Vi forestiller os måske, at udviklingen går hurtigere, hvis vi når til en konklusion, men det gør den kun sjældent. Oftest går den i stå. Sara vil måske nogle uger eller måneder endnu blive frustreret og rasende på sin far, når han skifter hende, men det kan hun meget bedre leve med end to forældre, der bruger hende som våben i en magtkamp.

Lad os et øjeblik vende tilbage til denne kvindes første forsøg på at ændre et destruktivt samspil i sin familie:

– Det kan altså ikke være rigtigt, at hun altid skal græde, når du skifter hende. Hvorfor skal du altid være så hård ved hende?

Omsat til direkte sprog siger hun:

– Du gør det forkert, og du er for hård ved hende.

Hendes åbningsreplik er et godt eksempel på, hvordan indholdet altid taber i forhold til processen i samspillet mellem mennesker. Lad os antage at hun har ret i sin observation, og at samspillet mellem far og datter faktisk er uhensigtsmæssigt, fordi han behandler hende uden indføling, som en opgave der skal løses. Den tone, hendes ordvalg og anklagende tonefald og mimik iklæder budskabet, gør det præcis lige så ufølsomt og krænkende, som hun anklager ham for at være. Hendes udsagn bliver dermed utroværdigt og i stedet for at løse et problem i sin familie, fordobler hun det. Hendes omsorg for datteren bliver med tiden uden værdi, hvis den ikke formidles med omsorg for partneren.

Det paradoksale er, at hun taler, som hun gør, fordi det var den måde, hvorpå hun blev korrigeret af sine forældre. Hele hendes organisme husker smerten, og derfor reagerer hun på sin datters vegne, og så er det kun et spørgsmål om tid, før hun begynder at behandle sin datter på samme måde. Hun er i lighed med sin mand og alle vi andre kommet uskyldigt til sin destruktive adfærd, men med ansvaret for nyt liv følger ansvaret for at prøve at komme ud over de ufrugtbare handlinger og holdninger, som i sin tid udsprang af deres kærlighed til deres egne forældre.

7.2 Det ligeværdige lederskab

Lederskabets historie i familien er mangfoldig. Selv hvis vi ser ud over det aktuelle Europakort, finder vi det i alle variationer lige fra den herskesyge, patriarkalske hustyran, den blide, beslutsomme Moder Jord, den demokratiske duo, den effektivt manipulerende køkken- og børneværelsesbestyrer, det respektfulde, funktionsopdelte lederskab, den altkontrollerende svigermor – og til parret, der kæmper indædt om hver eneste millimeter af magten.

Det ligeværdige lederskab hviler på to grundsten. Den ene er den voksende sociale, politiske og økonomiske lighed mellem mænd og kvinder, og den anden er ideen om, at mænd og fædre skal være en aktiv del af hjemmets daglige drift, og – ikke mindst – følelsesmæssigt integreret i familien og aktive, daglige omsorgsgivere i forhold til børnene. I forhold til den europæiske families historie er det en revolutionerende tanke.

Mænd og fædre har altid haft vigtige funktioner i, og i forhold til familien, men de har kun undtagelsesvis været en del af mødrenes og børnenes rytmisk, kontinuerlige fællesskab. Så sent som i midten af 30'rne anbefalede danske eksperter i børneopdragelse, at børnene skulle have spist, før faderen kommer hjem fra arbejde. Husets herre og familiens forsørger kunne ikke være tjent med at indtage dagens hovedmåltid i selskab med mindreårige!

Det ligeværdige lederskab er karakteriseret ved, at begge forældre behersker alle de nødvendige roller i familien og er villige til at overlappe hinanden, når det er nødvendigt. Selv om de enkelte forældrepar med tiden finder frem til en vis fordeling svarende til deres interesser og talenter, er der netop ikke tale om et funktionsopdelt lederskab, som man stadig kan finde det, hvor manden tager sig af markerne, dyrene og maskinerne, mens kvinden tager sig af børn, hus og have. Dette funktionsopdelte lederskab kan sagtens være præget af stor værdighed og respekt, men det er anderledes.

Det ligeværdige lederskab baserer sig endvidere på, at begge de voksne er lige beslutningsdygtige, og at beslutninger enten træffes i fællesskab eller overlades til den, der er mest kompetent og er dermed forskelligt fra det demokratiske lederskab, hvor alt diskuteres og besluttes i fællesskab og helst også i enighed. Det betyder bl.a. at partnerens beslutninger bakkes op, også når man ikke er enig. Uenighed og forskelle i f.eks. tænkemåde og prioritering bliver i det ligeværdige lederskab ofte til feed-back efter beslutningen og ikke led i en magtkamp. Forhandlinger drejer sig ikke om at få ret, men om at gøre indtryk og blive taget alvorligt.

Med et fint ord kunne man kalde den ligeværdige familie for den post-demokratiske familie, som vægter beslutningernes kvalitative betydning højere end beslutningsproceduren og inddrager mindretallet i stedet for at isolere det.

Forældrenes lederskab i forhold til børnene tager udgangspunkt i, at både forældre og børn har forskellige grænser og forskellige behov. Det baserer sig ikke på forældrenes enighed om grænser og regler, men på princippet om, at den enkelte har krav på at blive taget alvorligt, sådan som han eller hun nu engang er.

En af vanskelighederne ved at opbygge et ligeværdigt lederskab i familien er, at vi ikke har nogen modeller, vi kan følge. Der findes flere og flere familier, som det lykkes for, men hverken samfundets institutioner, det politiske liv eller de private virksomheder har tilsvarende ledelsesmodeller, som kan vise vejen. Det er én blandt mange grunde til, at det ligeværdige lederskab i den enkelte familie ikke kan være en realitet fra den første dag. Det er en konstant udviklingsproces, som hele tiden varierer i indhold og forudsætninger i takt med, at familien vokser, og dens medlemmer udvikler sig. Denne udvikling er hverken mere eller mindre frustrerende undervejs end så mange andre måder at have en familie på, den hylder blot nogle andre værdier.

7.3 Partnerskab og forældreskab

Når et par fik det første barn, var traditionen den, at manden fortsatte sit arbejde eller sin karriere som før, blot suppleret med faderværdigheden og en øget forsørgerbyrde. Når kvinden blev mor, ændredes hendes status mere radikalt. Som hovedregel måtte hun opgive sin uafhængige, feminine identitet til fordel for moderrollen, som – evt. forøget med rollen som bedstemor – forblev hendes rolle resten af livet.

Sådan er det stadig i store dele af verden, og forestillingen om at det kan være anderledes, er forholdsvis ny. Kvinderne begyndte at opleve rollen som en urimelig social og eksistentiel begrænsning, og noget senere begyndte mænd at beskæftige sig med de menneskelige begrænsninger i deres rolle.

Men fastlåsningen i rollerne som far og mor er ikke kun historisk begrundet. Det at få et barn er så omfattende en begivenhed og en så total følelsesmæssig oplevelse, at de fleste par meget hurtigt efter begynder at identificere sig selv og hinanden med rollerne. Nogle holder endog op med at bruge hinandens fornavne og begynder at sige far og mor i stedet for.

For de fleste af os sker der det, at forældreskabet kommer til at fylde så meget, at partnerskabet glider i baggrunden i nogle år. Principielt kan man sige, at enhver svækkelse af forældrenes partnerskab med deraf følgende savn og frustration også er en ulempe for børnene, men der er et særligt aspekt af partnerskabet, som har stor betydning for forældreskabet og for de voksnes muligheder for at diskutere og løse konflikter omkring børnene.

Det drejer sig om parternes mulighed for kunne tale med hinanden som mand og kvinde, som venner og kærester og som to mennesker med hver sin personlige identitet. Hvis hun ikke bryder sig om noget i hans måde at hjælpe deres søn med lektierne på, er det vigtigt, at hun kommer som hans ven og partner og ikke som sit barns mor. Hvis hun er urolig for, hvad deres teenagedatter foretager sig ude i byen, er det vigtigt, at han tager imod hende som hendes mand og ikke som sin datters far. Forældrerollerne egner sig bedst til samspillet med børnene. I samspillet mellem de voksne er det vigtigt, at de repræsenterer sig selv.

Det er ikke kun vigtigt for at holde venskabet og erotikken i live, men – lidt paradoksalt – især for at vi kan udvikle os som forældre og mennesker. Hvis vi altid taler sammen om vores relationer til børnene som far og mor, bliver børnene altid centrum for samtalerne, som uundgåeligt kommer til at handle mest om, hvordan børnene er, hvad de gør og ikke gør etc. Men for at vi kan udvikle os som forældermennesker og møde vores børn så hensigtsmæssigt som muligt, må vi tale om os selv – med hinanden. Gerne med børnene som udgangspunkt og inspiration, men ikke som det evige objekt.

For det meste glemmer vi det, og derfor har vi brug for hinandens hjælp til at huske, at vi ud over at være far og mor også er selvstændige mænd og kvinder med oplevelser, følelser, behov, historie og drømme, som er helt uafhængige af vores forældreroller. Det er fint nok at gøre det som symbolske manifestationer i form af biografture, friweekends og restaurantbesøg, men det er en god idé også at gøre opmærksom på det, hver gang den ene lægger mærke til, at samtalen nu i en time udelukkende har handlet om børn.

Når jeg indledningsvis refererede til historien, var det ikke primært for historiens egen skyld, men fordi den stadig er så tæt på os, at mange moderne forældre har dannet en modforestilling til den i deres bevidsthed. Den går, lidt groft sagt, ud på at børnefamiliens liv består af krav, hårdt arbejde og flere krav, og at de eneste muligheder for individuel udvikling derfor befinder sig uden for hjemmet.

Jeg møder af og til familier, hvor dette synspunkt er blevet begyndelsen til en ond cirkel, hvor de voksne oplever sig mindre og mindre værdifulde for hinandens liv. Ikke fordi de ikke kunne være det, men fordi de overser muligheden for at være det. Det opleves af nogle, som om den udefrakommende inspiration er en trussel mod familien, men situationen er ofte den, at det er den manglende bevidsthed om mulighederne for partnerskabets inspiration, der er den virkelige trussel.

Der er efter min erfaring meget få ting, som for alvor kan konkurrere med et kærligt forpligtende og eksistentielt provokerende partnerskab, når det gælder udviklingen af individuel livskvalitet. Det er i en vis forstand nyt, at det står højt på familiens dagsorden og der er stadig masser af familier, hvor mængden af ubrugt menneskeligt potentiale er mere iøjnefaldende.

7.4 Gensidighed er ligeværd

Jeg tror altid, vi mennesker har oplevet underet og følt ærbødigheden og ansvaret, når vi som forældre stod over for det nyfødte barns uberørte liv og bevidsthed. Ønsket om og trangen til at beskytte og elske barnet og viljen til at give det et godt liv vokser som en solopgang inden i os, næsten uanset hvordan vores egen opvækst har været, og hvor mangelfuld vores aktuelle livssituation er.

Denne trang til at *give* får vi foræret ved det allerførste møde, uanset om vi selv er forældre eller adopterer et barn; og i mange voksne, som ikke kan få børn, vokser længslen efter at give sig smertelig stor.

Gensidigheden i forholdet til børn skal de fleste af os derimod lære sammen med dem. Den mulighed de giver os, for at vi kan føle os værdifulde i kraft af dem, skal vi bevidst lære os at give tilbage til dem, så de også kan opleve sig som mennesker af indiskutabel værdi.

Det kan kun ske, når vi lærer at tøjle vores selvoptagethed og være åbne for deres personlige kompetence, som de til forskel fra os ikke ved, de giver os, før vi tager imod den. Hvis vi ikke lærer det, vokser de op i den tro, at de ikke har anden værdi end den, der kan måles i karakterbøger og social succes. Det er ikke bare smerteligt for dem og stigmatiserende for vores kontakt med dem, det er også skidt for de samfund, de skal overtage ansvaret for.

Det forunderlige er, at forældres traditionelle, énsidige måde at møde børn på kan være et tegn på, at vi måske altid har vidst dette. Når børn har opført sig pænt og udviklet sig i reel eller tilsyneladende harmoni, har forældre altid glædet sig over disse tegn på deres egen værdi og kompetence og kvitteret med at vise eller fortælle børnene, hvor gode de var. Når børnene omvendt har været uregerlige, uartige, frustrerede og destruktive, har de voksne altid reageret med at tænke, at der må være noget, de ikke har gjort, ikke har gjort nok af eller helt har forsømt at gøre og har dermed anerkendt deres egen delvise inkompetence. Forældre har blot altid troet, at vejen frem var at *give* mere – mere opdragelse, mere kærlighed, flere restriktioner, flere klø, mere kontrol osv.

Det er der formentlig mindst to gode forklaringer på. Den ene er selvfølgelig den kulturelle: Det var sådan alle andre gjorde. Den anden handler om, hvordan vi mennesker umiddelbart reagerer, når vi i vores relationer til andre mennesker oplever, at vi ikke er så værdifulde, som vi gerne ville være. Når det sker, reagerer vi aggressivt. Vi bliver irritable, frustrerede, vrede rasende og voldelige. Og der, hvor der står mest på spil – i forhold til vores børn og partnere, reagerer vi kraftigt. Vi sætter spørgsmålstegn ved deres værdi for os og bebrejder dem dermed, at vi ikke føler os værdifulde.

Det sker, når de er små og snubler over ujævnheder i fortovet: Vi rykker dem i armen og reagerer med et irritabelt, »Så se dig dog for!« Det sker, når den 5-årige for tredie gang den dag kommer grædende ind med en hudafskrabning på knæet. »Du må altså lære at se dig bedre for!« Når pædagogerne i børnehaven eller lærerne i skolen fortæller os, at vores børn ikke lever op til deres krav og forventninger, bliver vi vrede på dem, eller på børnene eller dem allesammen. Når vores parforhold står i stampe eller smuldrer, finder vi fejl hos den anden, og når vi som voksne ikke kan finde ud af livet, bebrejder vi vores forældre, samfundet eller bare nogen andre. Hvis vi altså ikke har lært altid at vende vreden indad og i stedet drukner i skyldfølelse, depression og selvbebrejdelser.

I forhold til børn har vi lært, at vi må opdrage os ud af oplevelsen i stedet for at lytte til deres kompetence og lære af den, så vi kan blive så værdifulde, som vi gerne vil være. Ingen har fortalt os, at når vores børns adfærd får os til at føle os mindre værdifulde, så er det næsten altid, fordi vi heller ikke er det. Så er det, fordi vi forud for konflikten ikke har været kompetente nok til at omsætte vores kærlige følelser til kærlige handlinger, vores gode intentioner til frugtbare samspil. Det kan vi i første omgang ikke handle os ud af. Vi kan kun åbne os imod dem og forsøge at afkode deres spontane eller af loyalitet forsinkede tilbagemeldinger. Børn forsøger ikke at lære os noget, og de er ikke pædagogiske. De lever bare sammen med os og lader os vide, hvordan det er for dem.

De fleste af os udvikler os så langsomt som mennesker, at vi ikke holder op med at blive vrede og irriterede før længe efter, vores børn er blevet voksne. Det sker der kun noget ved, hvis vi fastholder illusionen om, at det er deres skyld. Ikke at det er nemt at lade være, specielt ikke så længe så mange af os er begyndt vores liv sammen med voksne, der ikke vidste bedre.

Faderen til en voldsomt uregerlig knægt på 7 år så mig en-gang lige i øjnene og spurgte med al den fortvivlelse og trods i stemmen, som hans søn havde arvet: »Skulle det vir-kelig være nødvendigt at tænke så meget over, hvad man si-ger til sådan en størrelse? Mine forældre sagde sgu aldrig an-det end »NEJ!« Det kommer næppe bag på læseren, at jeg måtte svare, »JA!«

NOTER

Læsere, der gerne vil se mere specifikke problemstillinger og handlemuligheder beskrevet henvises til følgende artikler af bogens forfatter, som alle har været publiceret i tidsskriftet FAMILIEN, hvor også andre forfattere har offentliggjort artikler om samspillet mellem børn og voksne.

FAMILIEN findes på de fleste folkebiblioteker og enkeltnumre kan købes ved henvendelse til The Kempler Institute of Scandinavia. Tlf. 86 544535 & 33 121127; Fax 86 544820 & 33 126067.

www.kempler.dk
www.jesperjuul.com
www.yourcompetentchild.com